JN058125

毒親絶縁の手引き

DV・虐待・ストーカーから
逃れて生きるための制度と法律

テミス法律事務所・柴田収 監修　紅龍堂書店 編著

紅龍堂書店

本書にはＤＶ・虐待描写が含まれます。フラッシュバックなどの心配がある方は注意してください（本はどこにも行きません。あなたが元気になるまで、のんびりここで待っていますね）。

もくじ

第六章 新生活で気をつけること 201

はじめに

「親と縁を切る方法は、日本にはありません」

十年前、私がはじめて弁護士に相談したときに返ってきた言葉です。ひどく落胆し、絶望したことをよく覚えています。

今でこそ、ＤＶ等支援措置や分籍について知り、子どもの権利条約や児童憲章について知り、児童福祉法や児童虐待防止法について知り、児童相談所や精神保健福祉センターなどの様々な相談機関について知り、子どもが親から身を守る方法はあると――戸籍法上に「絶縁」という定義がないだけで、物理的に距離を確保して安全に生きる方法は存在すると説明できますが、当時は右も左も分かりませんでした。

しんどかったです。

「しんどい」、ひらがな四文字にしてしまえばあっけないほど平板なものです。筆舌に尽くしがたい過重なストレスがありました。

私のプライベートな過去について、本書で詳しく触れることはありません。あくまでも事務的な説明に必要と判断した場合だけ、一例として紹介するに留めます。それは自分を守るためでもありますし、本書を手に取られたあなたたならば、苦しみの種類なんて嫌というほど知っているはずだという思いからでもあります。たとえばこういった悩みです。

親を捨てたいだなんて、自分は冷たい人間なのかな、とか。

本書では、あなたが自由に生きることは、あなたの権利だという前提で話を進めます。

本書で「家族の情」について説くことはありません。私は心の専門家ではありませんし、大人になって当時の自分を振り返る限り、あのとき必要だったものが、妥協や、忍耐や、ましてや絆や許しであったとは思えないからです。

必要なものは距離と時間でした。

あなたが、あなたの人生を阻害する人間と、物理的に距離を置く方法は存在します。絡みついてくる蔦《つた》のような「家族」を、まずは断ち切ってから、今後の身の振りようについて冷静に考えることは、一つの立派な選択肢です。

本書では、その方法についてのみ焦点を絞って詳説します。

当時、右も左も分からなかった私が、喉から手が出るほど欲しかったものはチェックリストです。何をどうして逃げればよかったのか。どの法律ならば身を守ってくれたのか。抜け穴となる注意点は何で、どんなヒューマンエラーが起こりえて、日常生活でどこに気をつけなければならなかったのか。誰に相談すればよかったのか。

当事者ばかりがいつまでも神経を尖《とが》らせて生活するのではなく、加害者の取り締まりや更生を期すために、今、政治に何を望めばいいのか。

本書は、「毒親」に苦しんでいる方を主な読者に想定していますが、パートナーからのDV・モラハラに悩んで家を出ようとしている人や、ストーカー被害から逃げるために引っ越しを考えている人にも役立てていただけるように注力しました。心当たりのある方は、どうか引っ越す前に本書をご一読いただければと思います。準備をせずにただ逃げても、見つかってしまう可能性があるからです。

用語については二つのことに気を配りました。

一つ、「毒親」という表現はなるべく使わず、意識的に「加害親」と表記しました。理由は、「いじめ」という単語に暴行罪や傷害罪を矮小化《わいしょう》化する効果があるのと同様に、「毒親」という呼称は、その認知を広めることに貢献する一方で、虐待やストーカーなどの犯罪行為を、被害者や加害者に自覚させづらくする側面があると懸念するからです。

二つ、「子ども」という言葉については、法的には直系卑属（子・孫など血縁者の意味）と未成年者という二つの意味があるため、直系卑属を指すように統一しました。未成年者のことは、そのまま未成年者と記述します。なお、漢字ひらがな表記については、「子供」と漢字では書かずに、「子ども」とひらがなに開きました。「供」という字には供物のニュアンスがあり、差別表記ではないかという議論があるためです。同じ複数形を表す接尾語としても、「ども」は「たち」に比べて敬意が低く、目下のものや侮蔑の対象に向けて使われます。

補足すると、文部科学省（第二次安倍政権）は、二〇一三年に「『子供』は差別表記ではない」と判断し、公文書を「子供」で表記統一しています。しかしながら本書では、何が差別に該当するかは、政府や親が決めるのではなく、被害当事者が自分で判断しうるものと考えます。

構成については、各章、基本的に十八歳以上の成人向けの情報を書き、その上で必要に応じて、未成年者のための情報をまとめるという形を取りました。成人向けの情報に多くページを割いたのは、シンプルに、成人のほうが問題解決のために取れる法的手段が多いためです。一方で未成年者の方も、それを知った上で、今取れる選択肢と比較検討することに意味があると考えます。親と「絶縁」することを、大人になるまで待つか、待たないか、待てるか、待てないか、考え、決断するための手掛かりになると信じています。したがって未成年者の方も、本書においては未成年者向けの情報だけに目を通すのではなく、ぜひ、大人と同じ目線に立ち、臆せずに全章を読みこなして欲しいと思っています。そうできるように、日本語については中学生くらいから読めるような平易な単語・表現を心がけました。

ただし、日常的に暴力に遭っている・酷《ひど》い言葉をたくさんかけられて生きるのがつらいという方は、他の章は後回しでいいので、真っ先に、第三章（四）～（六）の相談機関に目を通してください。

にわかには信じられないかもしれませんが、あなたを助けてくれる人はいます。あなたが想像しているよりも、おそらく多く存在しています。あなたの言葉を頭ごなしに否定せず、話を聞いて、必要な対策を考えることを職業としている人たちがいる場所や連絡先を、三章では紹介しています。

その際、一般には書籍に掲載することの少ない電話番号やＵＲＬなども、可能な限り全て載せるようにしました。疲れ切って情報を探す気力もない人が、ワンクリックで飛べるようにしたかったからです。ただし、URLや電話番号は、運営の都合などで変更する可能性が常にあるものですから、万が一リンクが切れていた際などは、おそれ入りますが固有名詞などで最新情報を検索していただければと思います。

その他、相談機関を利用する際は、事前に、第三章（四）「公的機関への相談の仕方」に必ず目を通すようにしてください。加害者は一般的に報復傾向が強く、警察などの第三者に助けを求めると加害が激化するケースが少なくないためです。第三章（四）では、それを避けるための方法をあらかじめ解説しています。

最後に、本書に関わっていただいた多くの方々に感謝を申し上げたいです。テミス法律事務所の柴田収弁護士。被害者を血眼になって捜す暴力的な親が少なくない中で、柴田先生に出会わなければ、本書を制作する勇気は出なかったと思います。瀬谷出版株式会社の瀬谷直子代表。無名の版元を信用していただいたおかげで、本書を、本当に必要としている誰かの元へ届けることができます。校正の廣田いとよさん。言葉に対する誠実で透徹な姿勢に、原稿の前で何度頭を垂れたか分かりません。まいどなニュースの谷町邦子さん。顔も見えない当事者の小さな声を、拾ってニュースにしていただいてありがとうございます。カリヨン子どもセンターの石井花梨さん。子どもたちへの思いが滲《にじ》み出る文章に、「私も東京弁護士会の子どもの人権110番に電話したかったなぁ」と昔を振り返らずにいられませんでした。夜逃げ屋TSCで、被害者の避難的引っ越しを担い続けている斉田美穂代表。悲壮感を吹き飛ばすエネルギッシュな声に、自分の傷まで洗われたような心地がしました。漫画家の宮野シンイチさん。複雑なテーマの物語を、「描いてくれた」と噛みしめている一人がここにいます。ジェンダー平等のために最前線で発信し続けている太田啓子弁護士。先生の背中にどれほど励まされてきたか。掲載をご快諾いただいた打越さく良議員、山添拓議員。ＤＶ虐待問題解決のために闘い続けている篠田奈保子弁護士。ありがとうございます。先生方の存在を、お守りのようにして生きている国民も多いはずです。匿名で多大なお力添えをいただいたＯ弁護士。お名前は出しませんがどうしてもお礼を言いたいです。翻訳家の吉田育未さん。日本から７８７４キロ離れた場所に同じ志の人がいることが、こんなにも毎日を楽しく明るくするのですね。何度も相談に乗ってくれた友人のＦ。子どもの頃のことだし、もう忘れているかもしれないけれどありがとう。今日まで私を逃げ延びさせてくれた行政職員さん。警察官さん。おかげさまで今こうして生きています。クラウドファンディングのご支援をいただいた皆さん。読者の皆さん。あなたがいなければ、この本に辿《たど》りつけなかった当事者の方も大勢いたはずです。装丁デザインを担当してくれたＴＳ５１と、いつも鋭い指摘をくれる社会福祉士・精神保健福祉士の五十嵐にも心からの敬意と感謝を。

そして誰よりも、今日まで生き抜いてきたあなたに、最大限の感謝と、敬意と、エールを送りたいです。

誰がなんと言おうと、あなたは自由です。

本書が、あなたがあなたらしく生きる一助となればこの上ない幸いです。

第一章

「毒親」とは

（一）逃げる前に知ってほしいこと。戸籍から住所漏洩する

何回引っ越しても住所が特定される。

どれだけ遠くの町へ逃げても、いつのまにか新居を把握されて、嫌がらせやストーキング、暴力が再開する。原因は大抵一つです。

戸籍の附票《ふひょう》。

戸籍の附票には、現住所を含むあなたの住所履歴が全て掲載されています。そしてこの附票は、配偶者または直系血族――父母や祖父母など――ならば、誰でも、あなたの許可を得ずに、役所で申請するだけで簡単に閲覧することができてしまいます。したがって何も対策をしなければ、何回引っ越しても、戸籍から住所が洩《も》れます。

ＤＶ等支援措置（※1）は、この戸籍の附票や住民票などの個人情報の閲覧範囲に制限をかけて、加害者から身を隠すための制度です。

なんだ、それならばさっさとその支援措置を受ければいい――と思うかもしれませんが、この制度を利用するためには、管轄の自治体にあなたが被害者であることを説明し、認めてもらわなければなりません。詳細は後述しますが、次項ではまず、加害親とはどのような状態を指し、どういった被害があれば支援措置対象となりうるのか、当事者の事例を見ていきます。なお、ご紹介するエピソードはあくまで一例に過ぎません。こうした補足を入れなければならない現状も歯痒《はがゆ》いのですが、最終的に支援を決定するのは市区町村の職員であり、

虐待の専門家ではありません。そのため、自治体や担当者の方によっては対応に差があることも実際です。また、法律は日々少しずつ変わり続けています（※2）。

同じ被害に遭ったとしても、必ずしも全く同じ対応を受けられるとは限らない、ということだけは、念頭に置いて読み進めていただければと思います。

チェックポイント

✔ ただ引っ越しても住所は特定される

✔ ＤＶ等支援措置で、戸籍の附票や住民票の閲覧に制限をかける

※1　ＤＶ等支援措置：二〇〇四年に施行された省令。最新情報は総務省ホームページ「ＤＶ等支援措置関連通知」（※2）及びお住まいの市区町村の役所・役場で確認を。

※2　総務省ホームページ「ＤＶ等支援措置関連通知」
https://www.soumu.go.jp/main_sosiki/jichi_gyousei/daityo/dv_shien02.html

（二）加害親の行動パターンと類型

私の場合を話します。

私の加害親は父でした。

母が死去してから、五年間ほど父と二人暮らしをしていたのですが、その間、食事を作ってもらったことが一度もありません。未成年でしたが、家事は全て自分でやっていました。

朝起きると、壁一面に、真っ赤なマジックで殴り書かれたコピー用紙が何十枚もびっしりと貼られています。内容は「この人間のクズ」「母殺し」「出て行け」。念のため補足すると、母の死因は動脈瘤《りゅう》の破裂であり、私が殺したわけではありません。

私としても家は出て行きたかったので、成人後に一人暮らしを始めたところ、今度は執拗《しつよう》な過干渉が始まりました。当時、私は映像系制作会社に勤務していたのですが、フリーランスとして独立するために退職届を提出すると、どこで知ったのか「あいつを辞めさせるな」と、会社に電話が掛かってくるようになりました。法務部の方の「困ります」という声が今も耳に残っています。それは困っただろうなと思います。

後で知ったことですが、私が映像系制作会社に勤務していたことを、父は己の勲章のように周囲に吹聴して回っていたようです。就職前は制作なんて仕事とはいえない、ヤクザだ、おまえごときに就職などできるものかと馬鹿にしていたのですが、きっとどこかで、有名な会社だと知ったのでしょう。

嫌気が差して連絡先を告げずに引っ越しをすれば、いつのまにか住所が知られて、わざわざ新居の前まで来て撮影した日付入りの写真が、ポストに投函《とうかん》されました。写真にはメモも同封されていて、「勝手に引っ越しやがってこのクソが」。ドアポストに投函されるならまだマシで、集合住宅の共有ポスト、他の入居者にも見える場所に、実家と同じように、真っ赤なマジックで殴り書いた暴言をベタリと貼りつけられたこともありました。

当時、私は戸籍の附票《ふひょう》や支援措置について何も知りませんでしたから、何回引っ越しても同じことが続きました。

嫌がらせは段々とエスカレートして、家にゴミが郵送されてくるようになりました。使い古しの歯ブラシなどが箱詰めされて、引っ越しトラック一台分届いたこともありました。受け取り拒否ができればいいのですが、ゴミの中に混ざって、亡くなった母が書いてくれた手紙や母子手帳が入っていたりするので、全て開封して確認せざるをえませんでした。引っ越しトラック一台分のゴミは、家の中にはとても置ききれませんから、マンションの隣人に頭を下げて、処分するまで、階段の踊り場に置かせてもらいました。毎日毎日、マスクをして黴《かび》臭いゴミを仕分けする生活が続きました。

親戚という親戚に嘘《うそ》の手紙をばらまかれました。年賀状や暑中見舞いなどで、折りに触れて、いかに私に生活力がなく、父親の自分が世話を焼いてやっているかという、覚えのない「育児」の話や、謎の自慢話が大量に並んでいることが常でした。

物理的な暴力を振るわれたことは一度もありません。

そのせいか、当時、自分が酷《ひど》い目に遭っているとは全く思っていませんでした。

よくよく思い返してみると、家の壁を殴って穴を開けられたり、目覚まし時計など手近なものを見境なく投げつけて壊されたり、私が見ている目の前で、私以外の家族の指を車のドアに挟んで骨折させるなど、暴力的な「場面」自体には幼少期から何度も遭遇していたはずなのですが、私自身が酷い目に遭っているとは一度も考えたことがありませんでした。

今、こうして書き出すと異常だなと理解できますし、鳩尾《みぞおち》のあたりがざわして、動悸《どうき》がするのですが、当時は「面倒くさい親」くらいにしか思っていませんでした。度重なる家族への暴力も、よくある「喧嘩《けんか》」なのだろうとさえ思っていました。

転機は、成人後に父から届いた書類でした。

内容は、「俺が持っている不動産の所有権の半分を、おまえが三千万で買い取れ。署名捺印《なついん》して返送しろ」。ちなみにその不動産というのは、実家でした。なぜ実の父から、築年数の古い、帰る予定もない家を、しかも父と共有という形で、子どもが買い取らなければならないのか。意味が分かりませんでした。さらに不動産市場を調べると、父が提示した三千万円という金額は、相場の二倍以上のぼったくりであることが分かりました。

さすがにおかしいと感じて、はじめて弁護士に相談しました。

すると私の預金口座から、父が多額のお金を抜き取っていたことも分かりました。

後に警察に相談したことで、私が受けてきた様々な「嫌がらせ」は、法的には虐待であったことも知りました。

縁を切ろうと決めました。

二千件以上の加害者カウンセリングを経験してきたＤＶ加害者専門家、ランディ・バンクロフトの著書『ＤＶにさらされる子どもたち（新訳版）――親としての加害者が家族機能に及ぼす影響』（※３）によると、親としての加害者には類型があります。以下の特徴のいずれか、もしくは複数に該当する時には注意が必要です。私の父と比較検証してみても、大部分において該当するという生々しさだったので、一部だけですがご紹介させていただきます。

全てを引用すると長くなってしまうため、特に親としての加害に関係の深い部分に絞って要約しますが、自分の親が「毒親かもしれない」と悩んでいる方は、ぜひ原文も読んでみてください。極めて具体的に事例が網羅されているため、力になると思います。

以下、要約です。

権威主義

子どもには無条件で自分の意志に従うことを期待し、抵抗や反論が許せない。子どもは自分の意のままになる所有物だと考えている。

特権意識

自分が相手のためにどれだけのことをしているかは省みず、相手からサービスを受け、大事に扱われるのが当然と思い込んでいる。自分の要求がただちに満たされることを強く求めるなど、理不尽かつ過大な期待を抱く。自分が腹を立てれば、なだめたり、ほめたり、おだてたりし、対立したときには従うのがパートナーの義務だと考えている。自分の特権を守るためならば身体的威嚇も辞さない。

虐待と自己防衛を逆転して捉《とら》える傾向がみられる。自分の虐待的な行為を当然の行為とみなす一方、パートナーの自己防衛的な行為については自分に対する虐待と解釈し、自分こそが被害者であると主張することも少なくない。

親としての情緒的な境界が曖昧で、自分の悩みや心配ごとを子どもに明かすこともある（母親（※4）から傷つけられていると言うこともある）。

スキンシップや性的接触の欲求を満たすために子どもを利用する傾向が強く、その結果、近親姦の発生率も高くなる。

支配

批判、言葉による虐待、経済的支配、孤立化、残虐行為など、さまざまな手口を組み合わせて家族を支配しようとする。支配を正当な行為とみなし、パートナーが嫌がるのは情緒不安定や気まぐれのせい、あるいは自分を支配しようとしているからだと解釈する。育児をほとんど担おうとしないのに、しつけ、教育などについての決定権を握ろうとする。

パートナーの自立の努力を妨げようとする。母親（※4）の権威を傷つけたり、子どもが母親を軽蔑するようにしむけたりする。

母親（※4）の権威をおとしめる

子どもの前で母親に暴力をふるったり、母親をバカにしたりする。

優越感

自分は優れた人間だと思っている。パートナーの知性や能力、論理的思考はもちろん、感受性も自分より劣っているとみなし、パートナーの意見を軽視したり、さっさと退けたりする。相手と話すときは、嫌悪感たっぷりに、恩着せがましい、相手を子ども扱いするような口調で話す。同時に、容赦ない非難や侮辱を浴びせ、罰を与えることもある。優越感には、相手を人間としてみない、物として扱う、という要素が含まれることがある。

独占欲

パートナーや子どもを自分の所有物だとみなしている。パートナーに暴力を振るう男性は、女は男からの性的な誘いを拒むべきではないと考える傾向が強い（※4）。拒否されると怒りを示す。独占欲は、関係が終わりを迎えた時点で激化し、多くの場合、別れようとするパートナーに暴力を振るうという形であらわれる（パートナーを殺害する男性の九〇％にはＤＶの前歴があり、そのほとんどは別居の前後に起きている）。

パートナーにはもう一度自分とやり直す「義務がある」と主張する。パートナーとつきあいのある人々が「悪い影響」を与えているのだと言い張る。

娘（※４）に対して親というよりパートナーのように接し、娘がはじめて異性と真剣に交際すると、恋人に捨てられたかのようにふるまうこともある。

無関心、ネグレクト（養育放棄）、無責任

子どもに無関心で、世話もしない傾向が強い（権威主義的な関与が時おり行われる）。

暴力をふるわない人と比べて、子どもに身体的な愛情表現をすることが少ない。育児は母親（※４）の責任と考えていて、口実を設けては家を空ける。子どもの学校や保育園の先生の名前、子どもの健康状態やかかりつけの医者の名前を正確に知らず、子どもの興味や長所、将来の夢などについても答えられないことが多い。

自分に都合のいいときや、親として周囲に評価されるチャンスだとみたときには、子どもに関心を示すことが多い。ふだん宿題をほとんど手伝ってやらないのに、子どもが良い成績をとるととたんに自慢する加害者もいた。

いったん子どもに関心を注ごうと決めると、加害者は惜しみなく金を使って、自己の存在感を誇示しようとする。ふだん子どもの相手をすることが少ない分、子どもの目に加害者は貴重な存在に映る。その結果、加害者は皮肉にも養育を放棄する傾向ゆえに、親として優位な立場になることがある。

自己中心性

自分が子どもと時間を過ごそうと決めたら、子どもがすぐさま都合をつけるのがあたりまえだと考えたり、自分の必要を満たすためであれば、子どもが独立を諦めたり、自分の相手になるのが当然だと考える。

一方で、子どものために自分のライフスタイルを変えるのを嫌がる。子どもの泣き声を我慢できなかったり、自分が疲れていたり機嫌が悪いときに、家族が家のなかで音を立てないようにしたり遊びをやめるのは当然と考えている。

子育てを通じて最大の問題となるのは、加害者の自己中心性が引き起こす子どもとの役割逆転である。加害者の多くは親としての情緒的境界をきちんと保つことができず、お金や健康の心配、職場でのストレスなど、大人の問題を子どもに話して精神的負担をかける。パートナーによって感情的に傷つくと、子ども（とくに娘）から精神的なサポートを得ようとすることもある。

わざと哀れを誘ったり、自己破壊的な演技をする者もいる。子どもは父親（※

4）が自殺するのではないか、アルコールや薬物が過ぎて体を壊すのではないか、などという心配にとりつかれてしまう。実際に加害者が抑うつやアルコールまたは薬物の問題を抱えていることもあるが、多くの場合、家族の注目を集め、虐待から目をそらさせるために苦しみを演じているにすぎない。

心理操作

言葉による暴力または身体的暴力だけに頼って相手を支配しようとする加害者はほとんどいない。加害者が用いる多様な策略のなかでも、もっとも多いのは心理操作である。加害者は虐待のすぐ後に、その行為をパートナーがどうとらえるかを操作しようとしたり、原因や意味を混乱させようとする。たとえば、虐待と虐待の合間に愛情を示したり、柔軟な態度で信頼を回復しようとし、自分が変わったと思わせようとする。

子どもに対しては、どちらがやさしくて思いやりのある親かなどについて、判断を混乱させる。パートナーの言葉をねじまげたり、過去の事実を歪曲《わいきょく》したりして相手を混乱させようとする者も少なくない。統合失調症の専門家によると、親が発する著しく矛盾したメッセージは、あからさまな虐待よりも子どもの精神疾患の原因になりやすい。

加害者の心理操作は、家庭外にまで及ぶ場合が多い。加害者の大部分は、他人に対しては親しみやすく穏やかで、思慮分別のある人間という印象を与え、ユーモアのある愉快な人間であることも多い。そのため周囲が暴力の申し立てを信じようとせず、パートナーや子どもが支援を受けにくくなることもある。

また加害者はパートナーについても偽りのイメージをつくり上げる。パートナーがあたかも支配的で要求が高く、言葉で人を傷つける人間であるかのように言い、一方、自分自身のことは家庭生活がうまくいくように心を砕く、思いやり深い協力的な夫（※4）であるかのように演出する。

加害者は、介入を試みる第三者にも心理操作を行う。多くの加害者は、説得力のある嘘をつき、誠実そうにふるまい、いくつもの虚構を巧みに織り交ぜてさも真実のように話す。したがって正確な情報を得るためには、警察の報告書や児童保護機関の記録を見直す、保護観察官やセラピストと話す、被害者であるパートナーその他の証人と面接するなどが不可欠である。

愛情と虐待の混同

暴力を、愛情が強いからだと説明する。「愛してなかったら、あんなことはしない」などと言う者も少なくない。

虐待の正当化のために、「むちを惜しめば、子どもはだめになる」など、伝統的な価値観をもち出して虐待的な子育てを正当化することが多い。こうした価値観は、子どもに対する性的虐待の正当化にも使われる場合がある。近親姦加害者は、「安全にセックスの手ほどきをしてやりたかった」とか、「母親がちっともかまってやらないので、あの子はすごく愛情に飢えている。それでちょっとやりすぎてしまった」などと、その行為がやさしさや愛情の表現であるかのように弁解することが多い。

発言と行動の矛盾

口では一切の暴力に反対だとか、パートナーを尊重すべきだとか、子どもにとって必要なことを最優先すべきだなどと言う。教育程度の高い加害者は、とくに自分の考え方を巧みに隠す場合がある。

責任転嫁

自分の行為を正当化しようとする。虐待をパートナーのせいにしたり、ストレスやアルコール・薬物乱用、幼い頃の問題、耐えがたい感情などのせいにしようとする。たとえば口論の際、殴られそうだと思ったパートナーが身をすくめると、過敏症だとかわざとらしいと言ってバカにする。

子どもにDVの影響が出た場合も同様で、母親の育て方が悪いからとか、もともと子どもに性格的欠陥があるからだと責任転嫁する。虐待的な行動を見た子どもが自分から距離をおくようになると、母親（※4）が意図的に子どもに自分への「嫌悪感情を植えつけ」ているると責めることもよくある。「女を殴っちゃいけないことはわかっているが、男にも我慢の限界がある」とか「殴ったのが自分の責任なのはわかっているが、あいつが怒らせるのが悪い」といった、矛盾した発言をすることもある。

否認、事実を軽くみせる

加害者は、相当な証拠を突きつけられても、自分の暴力を全面的に告白することはまずない。たとえ一部の暴力を認めても、多くは虐待の前歴を軽くみせようとする。虐待を申し立てられた者や虐待の事実が確定した者を評価する際、判断を誤りやすいのは否認よりも、事実を軽くみせるこうした傾向である。加害者は被害女性（※4）を挑発的で不誠実な人間であるかのように言う一方、深く反省している様子もみせるため、専門家でさえ加害者が不当に非難されていると思ったり、更生の努力をしているのに認めてもらえないと判断してしまう。こうした加害者は、相手が誰かに入れ知恵されている、親権訴訟の武器にしようとしているなどと申し立てて、パートナーが虚偽の告発をしていると主張する。

児童虐待の加害者にも同様の傾向がみられる。子どもの行動を歪曲《わいきょく》あるいは誇張して、あたかもその子が問題が多く破壊的な行動をとるかのように言い立てる。

多くの場合、こうした説明を細かく追及するとこじつけが露呈する。たとえ子どもに情緒的または行動上の問題があったとしても、虐待を受けた結果である場合がほとんどである。

くり返される暴力

加害者は大人同士の異性関係において、複数の女性（※4）を虐待することが多い。現在の関係で激しい対立が起きているのは暴力性の結果であって、関係が原因で暴力的になっているのではない。

（ランディ・バンクロフト、ジェイ・G・シルバーマン共著（二〇二二）『DVにさらされる子どもたち（新訳版）――親としての加害者が家族機能に及ぼす影響』幾島幸子訳、金剛出版 七-二十五頁、三十七-四十七頁）

※3 ランディ・バンクロフト、ジェイ・G・シルバーマン共著（二〇二二）『DVにさらされる子どもたち（新訳版）――親としての加害者が家族機能に及ぼす影響』幾島幸子訳、金剛出版 七-二十五、三十七-四十七頁

※4 日本の内閣府男女共同参画局「配偶者からの暴力に関するデータ」（※5）によると、平成三十年の配偶者間（内縁を含む）における犯罪の性別被害者の割合は、検挙総数七六六七件の内、女性配偶者が九〇・八％、男性配偶者が九・二％。女性の被害のほうが圧倒的に多いですが、男性の被害もあります。

※5　内閣府男女共同参画局「配偶者からの暴力に関するデータ」（PDF形式）
https://www.gender.go.jp/policy/no_violence/e-vaw/data/pdf/dv_data.pdf

（三）暴力的な言動は犯罪行為に該当しうる。刑法は家族間にも適用される

ここまで読んでいただいたあなたに、ぜひ注目してほしいことがあります。

加害とは、必ずしも物理的暴力を伴うとは限らない、ということです。

たとえ殴る・蹴るなどの暴力を振るっていなくても、親の行いは虐待かもしれません。

私自身そうだったのですが、狭い家の中に親と二人きりでいると、感覚が麻痺《まひ》して、自分が受けている行為が虐待だとは気づけないことがあります。親はどんなに暴力的な言動をとっても「おまえのためだ」と言い張りますし、精神的に疲弊していると判断力も鈍りますから、本当に自分のためなのかもしれないと錯覚してしまいます。

けれど専門家の分析に照らせば、「人間のクズ」「母殺し」は言葉の暴力ですし、動脈瘤《りゅう》の破裂で亡くなった元パートナーを「子どもによる殺人」と表現するのは事実の歪曲《わいきょく》ですし、私の目の前で家族へ暴力を振るったことは心理的虐待です。

覚えておいてほしいのは、大前提として、暴力的な言動は犯罪行為に該当する可能性が高いということです。

刑法には、家族間だからという理由で成立しない犯罪はありません。

身体的暴力は暴行罪・傷害罪・殺人未遂罪などに問われますし、心理的な攻撃も脅迫罪や強要罪に該当することがあります。性的な強要は強制性交等罪・準強制性交等罪・強制わいせつ罪・準強制わいせつ罪などで警察に訴えることができます。他にも、親とはいえ処罰されうる加害行動はたくさんあります。ここでは、特にありがちなものを——ありがち、と書くのもつらいものがありますが——ご紹介します。

暴行罪（刑法第208条）

殴る・蹴る・叩くといった直接的な暴力はもちろん、胸ぐらをつかむ、着衣を強く引っぱるといった行為でも暴行罪が成立することがあります。他にも、光・音・熱・冷気などを使って危害を加える行為は、罪に問われる可能性があります。たとえば過去の判例では、水やお茶をかける、塩をふりかける、煽《あお》り運転をする、狭い室内でわざと爆音を鳴らすなどの行為で、実際に暴行罪が成立しています。また、危害を加える目的がなかったとしても、驚かせるつもりで石を投げたり、脅しのつもりで刃物を振り回せば、それも暴行罪に該当します（※6）。

なお、暴行罪は、暴行によって被害者が怪我《けが》を負わなかった場合に成立する犯罪です。

加害親の中には、子どもに傷や痣《あざ》がないから犯罪ではないと主張する人物が散見されますが、この主張は通らないということです。

傷害罪（刑法第２０４条）

加害親の暴行の結果、あなたが怪我《けが》を負えば、それは暴行罪よりも重い傷害罪として成立します。怪我には心の傷も含まれます。過去の判例を見ていくと、嫌がらせ電話による精神衰弱、騒音による睡眠障害なども傷害罪として成立していきます（※7）。また、性病であることを隠して性行為に及び、性病に感染させたことも傷害罪として成立しています（※8）。このことが示すのは、加害親が「そんなつもりはなかった」と主張しても、親の暴行で結果的にあなたが病気に罹《かか》ったり、怪我を負ったりすれば、それは傷害罪だということです。加害親の中には、酒に酔っていた・意識がなかった・覚えていないなどと主張する人物も散見されますが、こうした主張は通らないということです。むしろ、言い訳がましい態度は反省していない・供述に信憑性《しんぴょうせい》がないと判断されて、量刑が重くなることがあります。

器物損壊罪（刑法第２６１条）

加害者があなたの所有物をわざと壊したり、汚したり、捨てたりした場合、器物損壊罪が成立する可能性があります。実際に過去の判例では、壊した事例だけでなく、捨てた場合や、汚損した場合にも器物損壊罪が成立しています（※9）。

名誉毀損罪（刑法第230条）

加害親があなたの悪評を周囲に吹聴し、地位や立場を脅かせば、名誉毀損《きそん》罪が成立することがあります。悪評とは、事実・虚偽に関係ありません。嘘《うそ》の情報だけでなく、あなたが周囲に知られたくない事実も、本来、吹聴される謂《いわ》れはないプライバシーです。

脅迫罪（刑法第222条）

「殺すぞ」「殴るぞ」「外出禁止にするぞ」「ネットで裸の写真をばらまくぞ」「不倫していることを職場にばらすぞ」「通帳を燃やすぞ」など、生命、身体、自由、名誉または財産に対して害を告知する言葉があれば、脅迫罪の可能性があります。実行に移すかどうかは関係ありません。言葉として発するだけでも、法的には罪に問われる行為です。

恐喝罪（刑法第249条）

脅迫に加えて財物交付の要求があれば、それは恐喝罪にあたります。「明日までに十万用意しないと殺すぞ」「通帳を渡さないと殴るぞ」「写真をばらまかれたくなければ買い取れ」などです。

ただ、恐喝罪と、後述の窃盗罪・横領罪は、刑法第244条「親族相盗例」により、直系血族は刑が免除されることが多いです。

親族相盗例とは、簡単に言うと親族間の特例です。たとえば、加害親があなたの物を盗む・不動産を占拠する・預金を勝手に使いこむなどの事実があったとしても、逮捕されても不起訴となるか、刑罰を免除される可能性が高いです。個人的には不可解な法律だと思うのですが、これは、家族間での争いごと（特に、金銭関係など「軽微」なこと）には法律は関与しないという、刑法立法者の考えに基づいています。そのため、直系血族だけでなく、配偶者も罪に問えないことが多いです。日本の「家」制度の歴史に関しては、コラム④（百二十七頁）でご紹介していますので、おかしいと感じる方は併せてご一読ください。

なお、恐喝罪を始めとする「親族相盗例」が適用される事例も、民事で損害賠償請求や不当利得返還請求を行うことは可能です。あくまでも刑事罰が免除されるだけであって、親が子どもを恐喝していいことにはなりません。また、恐喝罪は免除されても、脅迫罪は成立することも忘れてはならないポイントです。

窃盗罪（刑法第235条）

親があなたの財布からお金をくすねるなどの行為があれば、窃盗罪で告発することができます。ただし前記の恐喝罪同様、刑罰は免除されることが多いです。民事で損害賠償請求や不当利得返還請求を行うことは可能です。

横領罪（刑法第252条）

「通帳を預けておいたら、勝手に使いこまれてしまった」「奨学金の振込先を親の預金口座にしておいたら、使われてしまった」などの場合は、横領罪が成立する可能性があります。ただし、こちらも恐喝罪・窃盗罪同様、刑罰は免除されることが多いです。民事で損害賠償請求や不当利得返還請求を行うことは可能です。

迷惑防止条例違反

親からの執拗《しつよう》な過干渉やつきまといに悩んでいる場合、ストーカー行為に該当する可能性があります。ストーカー規制法は恋愛感情を要件としているため、一見すると親子間には適用されないように思われるのですが、実のところ、多くの都道府県迷惑防止条例で、恋愛感情の伴わないつきまとい行為も刑事罰の対象としています。ただ、実際の運用においては、警察はいわゆる「毒親」のつきまとい行為に都道府県迷惑防止条例を適用することに消極的です。そのため、現実に親が刑事罰に処される場面は少ないのですが、DV等支援措置を申請する際の根拠にはなります。

チェックポイント

✔ 加害とは、物理的暴力だけではない
✔ 刑法には、家族間だからという理由で成立しない犯罪はない
✔ 暴力を振るえば、怪我《けが》がなくても暴行罪が成立しうる
✔ 体だけでなく、心に傷を負わせた場合も傷害罪が成立しうる
✔ 物を壊すだけでなく、汚したり、捨てたりした場合も器物損壊罪が成立しうる
✔ 悪評を吹聴すれば、名誉毀損《きそん》罪が成立しうる
✔ 加害の告知をすれば、脅迫罪が成立しうる
✔ 恐喝罪・窃盗罪・横領罪も成立しうるが、親は刑罰を免除されることが多い
✔ 恐喝罪・窃盗罪・横領罪も、民事で損害賠償請求や不当利得返還請求をできる
✔ 親のつきまといもストーカーとして刑事罰の対象となりうる

※6　ゆら総合法律事務所　阿部由羅監修「暴行罪と傷害罪の違いとは？　成立要件・罰則・量刑の決まり方などを解説」ベンナビ刑事事件、二〇一六年七月四日　https://keiji-pro.com/columns/76/

※7　内閣府男女共同参画局　第24回　女性に対する暴力に関する専門調査会　資料4「ＰＴＳＤ以外の精神障害に陥らせた行為が傷害罪にあたるとされた事例について」（ＰＤＦ形式）

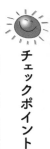

https://www.gender.go.jp/kaigi/senmon/boryoku/siryo/pdf/bo24-4.pdf

※8　横浜の弁護士法人あいち刑事事件総合法律事務所「性感染症を移して傷害罪に？」二〇二〇年七月十八日

https://xn--3kqs9fnyhbwgcspiqer37d.com/column/seikansensho-utsusu-shougai-zai/

※9　よくわかる日常問題！　法律情報局「家族が人の物を勝手に処分！　これって罪じゃないの？　訴えるべき？」

https://www.iaifa.org/dispose-of-without-permission/

（四）未成年者の場合。児童虐待防止法の定める四種類の虐待について

未成年者への暴力的な言動も、当然に違法行為です。

今はもう成人しているという方も、おそらく被害自体は未成年の頃から始まっていた方が多いと思うので、念のため、本項もご参照ください。ＤＶ等支援措置の申請では、警察に事情を話す際などに、幼少期の説明を求められることもあるためです。

児童虐待防止法では、大人が未成年者に対して行う虐待行為を禁止するとともに、虐待には四種類あると定めています。

以下、虐待とはどういった行為を指すのか、なるべく具体的に書き出します。

もし、説明を読みながらフラッシュバックなどが起きた場合は、どうか無理をしないで、すぐにこの本を閉じて、ゆっくり休んでください。第三章で紹介している支援機関などに電

話すれば、支えになるかもしれません。

本はどこにも行きません。あなたが元気になるまで、のんびり待っていますね。

身体的虐待

殴る、蹴る、叩く、首を絞める、激しく揺さぶる、物を投げつける、熱湯をかける、タバコの火やアイロンを押しつける、縄などで縛って動けない状態にする、部屋に閉じこめて出られないようにする、家からしめ出して入れないようにする、ベランダなどに逆さづりにする、冬に服を与えない、食事を与えない、異物を飲ませる、髪の毛を引っ張る、無理やりお風呂に沈めて溺れさせるなど。

傷痕や痣《あざ》が残らなくても、こうした行為は全て身体的虐待です。

性的虐待

未成年者への性的行為、未成年者に性行為を見せる、性器を見せる、触らせる、プライベートゾーン（※10）やその近くを触る・触らせる、性的な写真や動画を見せる、裸の写真や動画を撮影する、下着姿の写真や動画を撮影する、裸や下着姿の写真や動画をネットや他人に公開する、嫌がっているのに風呂やトイレを覗《のぞ》く、無理やり服を脱がせるなど。

こうした行為は全て性的虐待です。

性的虐待は女子だけに起こるとは限りません。被害者が男子やLGBTQ＋などのマイノリティーであることもあります。同様に、加害者も男性だけとは限らないですし、同性同士でも起こりえます。

ネグレクト

乳幼児を家に残したままたびたび家をあける、未成年者が怪我《けが》や病気をしても病院に行かせない、学校に行かせない、学校や生活に必要なものを渡さない、食事を与えない、食事内容で差別する（親は好きなものを三食食べるのに子どもには一食しか与えない、他の兄弟姉妹には好きなおかずを出すのに嫌いな子どもには出さないなど）、他の兄弟姉妹が未成年者を虐待していても放置する、服や下着を一着しか与えずにずっと同じものを着させる、掃除や洗濯をせずに家の中を極端に不潔にする、知らない場所に置き去りにする、暑い車の中に放置する、ギャンブルで夜になっても帰ってこないなど。

育児放棄や、未成年者の行動を極端に制限する行為はネグレクトです。

心理的虐待

大切にしている物を壊す、壁に穴を開けたり家具を壊すなどして恐怖に陥れる、未成年者が話しかけても無視をする、他の兄弟姉妹だけを可愛がる、障害を理由に他の兄弟姉妹と差別する、失敗したことを人前で大声で笑う、子どもが見ている前で激しい喧嘩《けんか》をする、未成年者が見ている前で母親（父親）や他の兄弟姉妹に暴力を振るったり酷《ひど》いことを言う、怒りながら刃物を向ける、「死ね」などの傷つく言葉を繰り返し言う、「おまえは出来損ないだ」などの自尊心を傷つける言葉を繰り返し言う、「死にたい」などの自虐的発言で未成年者を不安に陥れる、アルコールや薬物依存で未成年者を不安に陥れるなど。

面前ＤＶという言葉があります。たとえ自分自身が暴力を振るわれていなくても、目の前で母親（父親）や他の兄弟姉妹を殴られたり、酷い言葉を投げかけられたならば、それは、あなたへの心理的虐待です。人に相談していいことです。

チェックポイント

- ✔ 児童虐待には四種類あり、全て違法行為
- ✔ 身体的虐待は、傷や痣が残らなくても暴力
- ✔ 性的虐待は、女子だけではなく、男子やＬＧＢＴＱ＋にも起こりえる
- ✔ ネグレクトは、育児放棄だけでなく、行動を極端に制限する行為もあてはまる
- ✔ 心理的虐待は、自分が暴力を振るわれなくても、家族が被害に遭えば面前ＤＶ

※10　プライベートゾーン：妊娠・出産・生命などに直接関係する体の部位。男性も女性もＬＧＢＴＱ＋の方も「水着で隠れる場所と口」と覚えると分かりやすいです。なお、プライベートゾーンは「他人が勝手に見たり触れたりしてはいけない場所」と教えられることが多いですが、スキンシップの許容量は人によって異なります。火傷などで怪我をして、その痕を見られるのが嫌だったり、触れられるのが痛かったりするかもしれません。また、単純に苦手な人も少なくありません。ですから、どこであれ他人の身体は無闇に見たり触ったりせずに、ハグしたいときなどは、相手の同意（※11）をとるようにしましょう。

※11　同意については、函館性暴力防止対策協議会が「Consent for Kids」を翻訳した動画がとても分かりやすいので、ご紹介させていただきます。ぜひ視聴してみてください。

Consent for Kids（日本語版）　https://youtu.be/xxlwgv-jVI8

Consent - it's simple as tea（日本語版）　https://youtu.be/-cxMZM3bWy0

（五）自分の親が「加害親かもしれない」と悩んだら

認めることはつらいかもしれませんが、ここまで紹介してきた行為は、いずれも虐待です。心当たりがたくさんあるのならば、あなたは被害者である可能性があります。

急に自分が「被害者だ」と言われても、しっくりこないかもしれません。

私はそうでした。

むしろ子どもの頃、友人になんの気なしに自分の家の話をしたら、「かわいそう」と同情されて、不快に感じたことさえあります。

もし、「確かに酷《ひど》いことはたくさんされているけれど、実の親だし……」と悩まれているならば、防衛機制や共依存について調べてみることをおすすめします。

本書は精神医学の本ではないので詳しくは触れませんが、防衛機制（defence mechanism＝ディフェンス・メカニズム）とは、不安やストレスなどの危機に直面した際、無意識に自分を守ろうとする心理メカニズムのことです。たとえば、いじめられたつらい記憶を心の奥底に押しこめて忘れてしまったり、重い病気の告知を受けても「そんなはずはない」と認めようとしなかったりなど、様々なケースがあります。

虐待の四パターンに絞って考えれば、親に殴られても、「まさか虐待だなんて大袈裟《おおげさ》な。僕のためのしつけだ」と納得しようとしたり、体をベタベタ触られても、「お父さんがセクハラなんてするはずがない。スキンシップだよね」と思いこもうとしたりすることがあります。ネグレクトならば、「確かにごはんは作ってくれないけれど、自分で家事を覚えるいい機会だし！」とポジティブに捉えたり、心理的虐待ならば、「酷《ひど》いことを言われているのが私でよかった。妹だったらきっと耐えられなかった」と、他者に理由を見出したりして乗り切ってしまうこともあります。つまり必ずしも、ネガティブな反応とは限りません。

そうして生きてきた人たちもたくさんいます。私もその一人ですし、正直に告白してしまうと、耐えてきた時間が全て無駄だったとも思ってはいません。

ただ、しつけだとしても暴力はやまないし、スキンシップだとしても体は触られつづけるし、家事を覚えた先に待っているのは永遠の親の介護かもしれないし、あなたに暴言を向ける人は、いつか妹にも暴言を吐く。そうした可能性だけは、どうか忘れないでほしいと思うのです。一度でも暴力やセクハラを容認してしまえば、「もっとやっていい」と加害者に勘違いされることは多いです。ネグレクトにしても、食事を作るならば酒も買ってこいと、際限なくエスカレートしていくかもしれません。暴言にいたっては行動までのハードルが最も低いですから、何を言っても平気なサンドバッグのように扱われかねません。

共依存とは、主にアルコールや薬物などに依存する患者と、そのケアをするパートナーとの相互依存関係を指しますが、加害親は、虐待それ自体に依存しているように見える場面が少なくありません。もしあなたが、「自分がいなくなったら、親はだめになってしまう」「親を助けられるのは自分だけ」と思っているのならば、本当にそうなのか、それとも親のストレス発散の道具にされていると気づきながらも離れられないだけなのか、一度、考えてみてほしいと思います。

チェックポイント

- ✔ 虐待被害者は、防衛機制でつらい記憶を閉じこめてしまうことがある
- ✔ 虐待被害者は、共依存で加害者を助けようとすることがある

コラム① 誤った加害者像。毒親は「精神病」「発達障害」というのは間違い

GoogleやYahoo!などの検索エンジンで「毒親」と打ちこむと、サジェストワードに「精神病」、「発達障害（※12）」といった単語が並ぶことがあります。親の加害に苦しめられている子どもの中には、親の暴力やハラスメントを、病気や、先天的な特性のせいかもしれないと心配する人が一定数いるということですね。

結論から書くと、虐待行為に、こうした疾患や特性が関係していることはほとんどありません（※13）。

ごく稀《まれ》ではありますが、もし精神疾患が原因で暴力やハラスメントが行われている場合は、次のような特徴が見られます。①常に暴力やハラスメントを行うわけではないと、パートナーが報告している。②暴力やハラスメントを非難されても、正当化や合理化の言い訳をすることがほとんどない。③他の加害者に比べて共感性が高く、批判の度合いは小さい。④家庭の外でも、衝動的に暴力を振るったりハラスメントを行ったことが何度もあり、そのことを本人が恥じている。

分かりやすいのは④です。

実を言うと、他でもない私が、父がなんらかの障害や精神疾患を抱えているのではと懸念した時期がありました。病気や先天的な特性ならば仕方がないし、父にもなんらかの「理由」があるのではと思いたかったからです。けれど最終的にそうではないと思い知ったのは、父は、外では信じられないほど評判がよく、仕事もできる人で、私が父との交渉を依頼した弁護士でさえ、最初の頃は「お父さんと話しましたけど、ごくふつうの人って感じでしたよ」と言うほど、社会への適応能力が高かったからでした。

要するに、家の外では暴力に頼らないコミュニケーションがとれるのです。このことが裏付けるのは、相手を選んでやっている、ということです。

そこには計画性があります。この計画性は、虐待に独自の力学であり、精神疾患や発達障害など、他の原因に紐《ひも》付《づ》けることはできないものです。

同様に、アルコール・薬物依存なども原因として語られることが多いですが、実際は、ＤＶ事件のほとんどは、加害者が飲酒をしないときに起きています。また、生活上のストレスが原因で暴力を振るうという説に関しても、関連性を示す証拠はほとんどありません（※13)。何より、大半の人はストレスで暴力を振るいません。

※12　発達障害：先天的な脳のはたらきかたの違いによって、幼少期から行動面や情緒面に特徴がある状態。ASD（自閉スペクトラム症)、ADHD（注意欠如・多動症)、LD（限局性学習症・学習障害)、チック症、吃音などがありますが、いずれも「他人に対して暴力や暴言を振るいやすい」という特徴はありません。詳細は国立研究開発法人国立精神・神経医療研究センター「知ることからはじめよう　こころの情報サイト：https://kokoro.ncnp.go.jp/disease.php?@uid=MbkmLbVbTEhSpxyE」をご確認ください。なお、「発達障害」という用語に関しては、今後は「神経発達症」と表記する場が多くなってくると思います。WHOのICD-11（国際疾病分類第11版）の発効を受けて、日本精神神経学会は病名・用語の日本語訳として「〇〇障害」を「〇〇症」と変更する方針を定めました。現在は厚生労働省と総務省の承認待ちの段階です（2023年1月現在。※14)。本書では、検索ワードで多用されている「発達障害」への誤解を正すために敢えて「障害」の表記をそのままにしましたが、ご留意いただければ幸いです。

※13　ランディ・バンクロフト、ジェイ・G・シルバーマン共著（2022)『DVにさらされる子どもたち（新訳版）――親としての加害者が家族機能に及ぼす影響』幾島幸子訳、金剛出版　25-36頁

※14　神庭重信「ICD-11『精神，行動，神経発達の疾患』分類と病名の解説シリーズ：序文」公益社団法人日本

精神神経学会　精神神経学雑誌. 123 (1): 38-41, 2021 (PDF形式)
https://www.jspn.or.jp/uploads/uploads/files/journal/123(1)38-41_2021.pdf

第二章

子どもが親を養う義務は、法的には存在しない

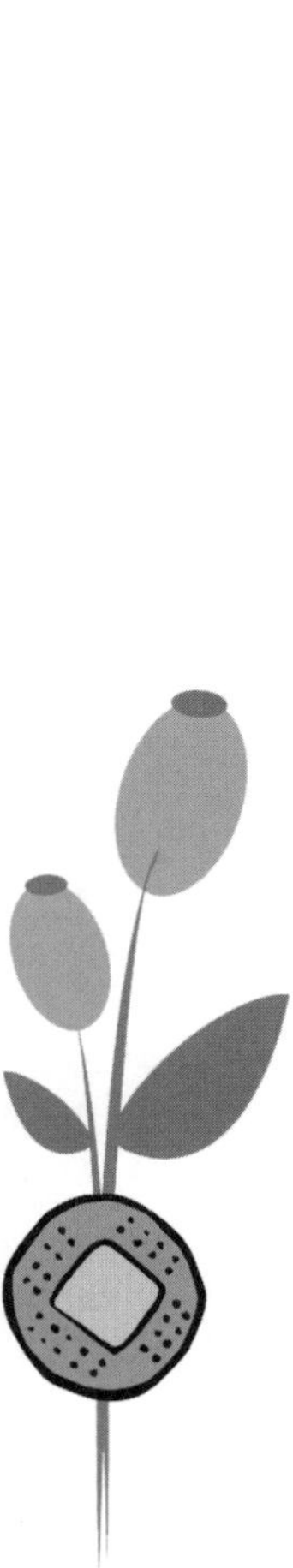

（一）民法八七七条の定める「扶養義務」は死文化している

親と離れたい。そうはいっても、日本には扶養義務があるから難しいのでは、と心配する方もいるかもしれません。なるほど加害親の中には、どういうわけか子どもにお金の無心をする人が多いですし、ネグレクトが象徴するように、「子どもが親の介助をするのは当然」と、極端に解釈をこじらせている人も少なくありません。

結論から書くと、民法八七七条の定める直系血族及び兄弟姉妹の扶養義務は、事実上死文化しているため、気にしなくても大丈夫です（※15）。

分かりやすいのは生活保護です。たとえば、年老いた親が働けなくなって、生活保護を受けようとするとします。子どもがいれば、まずはその子どもが親を扶養しなければならない、といった説明を窓口で受けるかもしれませんが、これは間違いです（※16）。

生活保護法四条二項では、「民法（明治二十九年法律第八十九号）に定める扶養義務者の扶養及び他の法律に定める扶助は、すべてこの法律による保護に優先して行われるものとする」と記載されています（※17）。素人がこの文面だけを読むと、生活保護よりも家族間の扶養を優先しなければならないと早とちりしてしまいますが、法的には、これは誤った解釈と言えます。「優先」とは、必須事項を示す「要件」とは意味が異なるためです。確かに一九二九年制定の救護法や、一九四六年制定の旧生活保護法では、扶養義務者に扶養能力があるときは、まずは扶養義務者が率先して被扶養者を養わなければならないとして、家族の扶養が

「要件」として定められていました。しかし生活保護法は一九五〇年に改正されています。現行法においては、扶養の要件は存在しないのです（※18）。この点は、厚生労働省も「相談段階における扶養義務者の状況の確認について、扶養義務者と相談してからでないと申請を受け付けないなど、扶養が保護の要件であるかのごとく説明を行うといった対応は不適切であるので、改めてご留意願いたい」と、二〇二〇年にも、二〇二一年にも、重ねて通知を発出しています（※19・20）。

長くなりましたが要するに、加害親が本当に生活に困っているのであれば、子どもが助けなくても、自治体が助けてくれるから問題ないということです。

※15　宮川舞『「親を扶養する義務」を正しく知っていますか』東洋経済オンライン、二〇一九年一月一日
https://toyokeizai.net/articles/-/257374

※16　本来、扶養は生活保護の要件ではないのに、現場で要件であるかのように説明して、保護が必要な人に申請を断念させることは「水際作戦」と呼ばれており、違法行為です。日本弁護士連合会が二〇〇六年に実施した全国一斉生活保護110番の結果では、違法な水際作戦の可能性が高いと判断された一一八件のうち、「扶養義務者に扶養してもらいなさい」という対応が四十九件と最も多くありました（※18）。

※17　生活保護法（昭和二十五年法律第百四十四号）、施行日令和五年四月一日。最新情報はe‐Gov法令検索で確認を。 https://elaws.e-gov.go.jp/document?lawid=325AC0000000144_20220622_504AC1000000077

※18　生活保護問題対策全国会議『扶養義務と生活保護制度の関係の正しい理解と冷静な議論のために』二〇一二年五月三十日　http://seikatuhogotaisaku.blog.fc2.com/blog-entry-36.html

※19　厚生労働省「現下の状況における適切な保護の実施について」二〇二〇年九月十一日（ＰＤＦ形式）https://www.mhlw.go.jp/content/000671433.pdf

※20　厚生労働省「保護の要否判定等における弾力的な運用について」二〇二一年一月二十九日（ＰＤＦ形式）https://www.mhlw.go.jp/content/000731221.pdf

（二）民法八二〇条の定める「親権」は子の利益にならなければ濫用

一方で、子どもが未成年の場合、親には、強い扶養義務があります。

民法第八二〇条（※21）では、「親権を行う者は、子の利益のために子の監護及び教育をする権利を有し、義務を負う」と定められています。親権とは、未成年の子どもの財産を管理したり、住む場所を決めたり、未成年の子どもが望むならばアルバイトの許可を出したり、褒めたり叱ったりすることのできる権利です。たまにこの親権を、子どもを自分の意のままにできる権利であるかのように誤解している親がいますが、間違いです。「しつけと称して子どもに暴力を振るったり、暴言を吐いたり、子どもの世話を放棄したりするなどの児童虐待は、親権の濫用《らんよう》に当たります。」これは一語一句違わず、政府広報オンラインでわざわざ特記されていることです（※22）。そして民法では、親権の濫用《らんよう》があった際には、子ども本人や、親族などが家庭裁判所に申し立てることで、親権を奪える「親権喪失」や、最長二年の制限期間において親権を停止できる「親権停止」についても定められています（※23）。

あなたが未成年者で、今まさに虐待に遭っているのならば、少なくとも法的には、責めを負うべきは親だということです。

※21　法務省「民法等の一部を改正する法律の概要について」 https://www.moj.go.jp/MINJI/minji07_00116.html

※22　政府広報オンライン「児童虐待から子どもを守るための民法の『親権制限制度』」二〇一七年十月十三日 https://www.gov-online.go.jp/useful/article/201203/1.html

※23　最高裁判所事務総局家庭局「親権制限事件及び児童福祉法28条事件の概況―平成29年1月～12月―」（PDF形式） https://www.courts.go.jp/vc-files/courts/file2/20180420zigyakugaikyou_h29.pdf

コラム② 道徳教育と主権者教育の違い

日本は道徳教育が主流なので、権利について学校で教わることはほとんどありません。

突然ですが、あなたは、道徳と権利の違いをご存知ですか？

道徳の始まりは戦前昭和日本の「修身科」（※24）に遡《さかのぼ》ります。修身科とは、1890年に明治天皇が発出した教育勅語（※25）を基本方針とする科目で、親への孝行が絶対視され、「一旦緩急アレハ義勇公ニ奉リシ」として、戦争が起これば命を投げ出して天皇のために戦うことが国民に強要されていました。修身科自体は戦後すぐに廃止されましたが、それからまもなく1957年（昭和32年）には、岸信介内閣の文部大臣・松永東が、「民族意識や愛国心の高揚のために道義に関する独立した教科を設けたい」と、文教政策についての構想を表明した記録が残っています（※26）。つまり近現代日本における「道徳」とは、ルーツを辿《たど》るとナショナリズムに起因する思想であり、そこでは個人よりも、国家や国体が優先されかねないといった懸念・議論がずっと続いてきた概念です。

それでも2014年までは、教育課程に義務づけられただけで「教科外活動」にとどまっていたのですが、2015年、第三次安倍政権下に学校教育法の施行規則が改正され、道徳は教科書を使って子どもに道義を教えこむ「特別の教科（原文ママ）」へと格上げされました。

補足すると、文部科学省ホームページでは、「道徳の評価の基本的な考え方に関するＱ＆Ａ」（※27）で、「道徳が『特別の教科』になり、入試で『愛国心』が評価されるというのは本当ですか？　道徳が評価されると本音が言えなくなり、息苦しい世の中にならないか心配です」という質問に対し、「道徳科の評価で、特定の考え方を押しつけたり、入試で使用したりはしません」と返答が明記されています。

　個人的には、政府公式ホームページにこんな問答が載っていること自体が異様と感じています。

　虐待を受けてきた人間としては、昭和の価値観にはどうしても敏感になります。なぜ、親への孝行や戦争参加を強要していた70年以上前の価値観を、わざわざ21世紀の教科書に採用して、しかも教員の独断で評価を行うといった「改革」が必要だったのでしょうか。表向きには「いじめへの対策」と説明されていますが、私が記憶する限り、道徳が加害親への対処に役立ったことはありません。むしろ虐待行為に対してさえ「思いやり」を持って理解につとめた結果、かえって被害が増長したように思います。

　一方で権利とはなにか。

　国際社会のスタンダードである「主権者教育」とはどのようなものなのか。以下に、世界人権宣言（※28・29）を引用します。たった十三条の短い文章なのですが、私はこういうことを学校で教えてほしかったです。

　あなたはどうでしょうか。

世界人権宣言
　第一条
　すべての人間は、生れながらにして自由であり、かつ、尊厳と権利とについて平等である。人間は、理性と良心とを授けられており、互いに同胞の精神をもって行動しなければならない。
　第二条
　(一) すべて人は、人種、皮膚の色、性、言語、宗教、政治上その他の意見、国民的若しくは社会的出身、財産、門地その他の地位又はこれに類するいかなる事由による差別をも受けることなく、この宣言に掲げるすべての権利と自由とを享有することができる。
　(二) さらに、個人の属する国又は地域が独立国であると、信託統治地域であると、非自治地域であると、又は他のなんらかの主権制限の下にあるとを問わず、その国又は地域の政治上、管轄上又は国際上の地位に基づくいかなる差別もしてはならない。

第三条

すべて人は、生命、自由及び身体の安全に対する権利を有する。

第四条

何人も、奴隷にされ、又は苦役に服することはない。奴隷制度及び奴隷売買は、いかなる形においても禁止する。

第五条

何人も、拷問又は残虐な、非人道的な若しくは屈辱的な取扱若しくは刑罰を受けることはない。

第六条

すべて人は、いかなる場所においても、法の下において、人として認められる権利を有する。

第七条

すべての人は、法の下において平等であり、また、いかなる差別もなしに法の平等な保護を受ける権利を有する。すべての人は、この宣言に違反するいかなる差別に対しても、また、そのような差別をそそのかすいかなる行為に対しても、平等な保護を受ける権利を有する。

第八条

すべて人は、憲法又は法律によって与えられた基本的権利を侵害する行為に対し、権限を有する国内裁判所による効果的な救済を受ける権利を有する。

第九条

何人も、ほしいままに逮捕、拘禁、又は追放されることはない。

第十条

すべて人は、自己の権利及び義務並びに

自己に対する刑事責任が決定されるに当っては、独立の公平な裁判所による公正な公開の審理を受けることについて完全に平等の権利を有する。

第十一条

（一）犯罪の訴追を受けた者は、すべて、自己の弁護に必要なすべての保障を与えられた公開の裁判において法律に従って有罪の立証があるまでは、無罪と推定される権利を有する。

（二）何人も、実行の時に国内法又は国際法により犯罪を構成しなかった作為又は不作為のために有罪とされることはない。また、犯罪が行われた時に適用される刑罰より重い刑罰を課せられない。

第十二条

何人も、自己の私事、家族、家庭若しくは通信に対して、ほしいままに干渉され、又は名誉及び信用に対して攻撃を受けることはない。人はすべて、このような干渉又は攻撃に対して法の保護を受ける権利を有する。

第十三条

（一）すべて人は、各国の境界内において自由に移転及び居住する権利を有する。

（二）すべて人は、自国その他いずれの国をも立ち去り、及び自国に帰る権利を有する。

（外務省　世界人権宣言　https://www.mofa.go.jp/mofaj/gaiko/udhr/）

……たった十三条の短い文章ですが、私はこの世界人権宣言がとても好きです。

道徳教育では、嫌いな人や苦手な人とも「上手くやっていく」、和や絆を大切に、親は親というだけで敬い、子どもは空気を読んで妥協する方法ばかりを教わります。一方で主権者教育では、人間は生まれながらにして自由で平等であり、そうであるがゆえに、大人や権力者に対しても、豊かな批判精神をもって意見できるようにと教わります。

理不尽に抵抗する権利もまた、人権の一つです。

そのことを知ってから、私は生きるのがだいぶ楽になりました。

同様に、未成年者の人権を謳《うた》った子どもの権利条約に関しても「学校で教えてくれたらよかったのに！」と目から鱗《うろこ》が落ちることがたくさんあったので、少しだけですがご紹介させていただきますね。

子どもの権利条約

未成年者の基本的人権を、国際的に保障するために定められた条約です。18歳未満の児童を対象に、おとなと同様、ひとりの人間としての人権を認めています。同時に、成長の過程で特別な保護や配慮が必要な、未成年者ならではの権利も定めています。前文と本文54条からなり、未成年者の生存、発達、保護、参加といった、日常の様々な場面を想定した権利を定めて、その実現のために必要な具体的な事項も規定しています。1989年の第44回国連総会で採択されて、1990年に発効しました。日本も1994年に批准しているので、子どもの権利条約に書かれていることは、本来、誰もが守らなければならないことです。詳しくはユニセフのホームページが分かりやすいので、ぜひご覧になってみてください。

ユニセフ「子どもの権利条約」
https://www.unicef.or.jp/about_unicef/about_rig.html

※24　福島創太「『道徳の教科化』に潜む“愛国教育”の危うさ：国が道徳観を定め教師が評価するのは適切か」東洋経済オンライン、2018-05-16　https://toyokeizai.net/articles/-/220068

※25　明治神宮「教育勅語」に口語文訳が掲載されて

います。毒親育ちの方は、読むと気分が悪くなるかもしれないので閲覧の際は注意してください。
https://www.meijijingu.or.jp/about/3-4.php

※26　近藤正高「ご存知ですか？　8月4日は文部大臣・松永東が『道徳』教科設置を表明した日です：来年度以降には『特別の教科』へと“格上げ”」文春オンライン、2017-08-04　https://bunshun.jp/articles/-/3602

※27　文部科学省「道徳教育」
https://www.mext.go.jp/a_menu/shotou/doutoku/

※28　法務省「世界人権宣言」
https://www.moj.go.jp/JINKEN/jinken04_00172.html

※29　外務省「世界人権宣言（仮訳文）」
https://www.mofa.go.jp/mofaj/gaiko/udhr/1b_001.html

第三章

加害親と離れる準備（前編）

（一）「絶縁」の選択肢を考える。避難、引っ越し、ＤＶ等支援措置について

これまで「加害」とは何かということを見てきましたが、いよいよ本章からは、加害親と物理的に距離を置くための方法を書いていきます。

方法としては主に三つ考えられます。

①　ＤＶシェルターなどに避難する。
②　住民票を移さずに引っ越す。
③　分籍して、ＤＶ等支援措置を利用して引っ越す。

まずはそれぞれの概要と、メリット・デメリットを見ていきます。

①　ＤＶシェルターなどに避難する

日常的に致命的な暴力を受け続けている場合は、ＤＶシェルターに避難することは立派な選択肢です。ＤＶシェルターとは、ＤＶの被害者を加害者から一時的に隔離し、保護するための施設です。公営シェルターは各都道府県に一カ所以上、民間シェルターは全国に百カ所以上あります。安全のために場所は公開されていません。

ＤＶシェルターを利用するメリットは、即時に身の安全を確保できること。シェルターの場所は非公開ですから、加害親に見つかるおそれは低いです。公営シェルターならば利用は無料です。民間シェルターは日に千円ほど利用料がかかることもありますが、いずれの場合

も生活必需品は揃《そろ》っています。食事も提供されるため、着の身着のまま逃げることができます。自立のための支援も充実していて、就職活動や新しい住居探し、ＤＶ等支援措置や保護命令、必要に応じて生活保護の受給手続きなども手伝ってもらえます。

一方でデメリットは、一時的にしか入居できないこと。最長二週間ほどで出て行かなければならないことが多いです。その間に、自ら積極的に動いて、新しい人生を切り拓《ひら》く必要があります。もちろん、配偶者から長期間身を隠さなければならない特別な事情などがあれば、入居期間が延長されるケースもありますが、具体的な運用は、各ＤＶシェルターによって異なるのが実情です。

また、人によっては規律が厳しいと感じることもあると思います。入居中は他の被害者との共同生活になりますから、門限などが定められています。とりわけ、絶対に厳守しなければならないのは、ＤＶシェルターの場所の秘匿性です。

これだけは絶対に、守らなければなりません（※30）。外部に漏洩《ろうえい》すれば全員の命に関わるためです。したがって、シェルター内では携帯電話やスマートフォンの利用が禁じられていることが多いです。加害者だけでなく、友人などにも居場所を知らせることはできません。外出も制限される傾向にあります。

入所手続きは、警察の生活安全課や、配偶者暴力相談支援センターなどで行います。これら相談機関については、本章（五）で詳述します。

② 住民票を移さずに引っ越す

引っ越しについては後述します。住民票とは、市区町村があなたの氏名や住所を記録した帳票です（※31）。簡単に言うと、あなたがその地域に「住んでいる」ことを証明するもので、引っ越しの際には、住民票を新居の市区町村に移すのが一般的です。

住民票を移さないメリットは、附票《ふひょう》などから居場所が漏洩《ろうえい》する可能性は低いことです。……少し話が前後しますが、次に紹介する③のDV等支援措置では、加害親に居場所を調べられる可能性が残ります。というのも、たまに人為的なミスが発生するためです。たとえば過去の役所のヒューマンエラーでは、職員が支援措置者の戸籍の附票だと気づかずに、印刷して誤って加害者に渡してしまった（※32）、納税通知書を加害者の事業所に誤配送してしまったなどの事故が起きています（※33）。

住民票自体を移さなければ、こうした事故に遭う確率は低くなります。

ただ、**確率は低くなるだけで、ゼロにはなりません。**

ここからはデメリットの話です。

まず、住民票を移さないことは、違法です。

もっとも、実家に住民票を残したまま一人暮らしをしている学生さんなども多いですから、厳しく取り締まられているわけではありません。

それよりも現実的に不都合なのは、行政上の様々な書類が届かなくなることです。

たとえば、投票のお知らせ。住民税や自動車税などの納税通知書。ワクチン接種やがん検診などのクーポン。災害があったときの避難場所や配給のお知らせ。こうした生活に欠かせないインフラが、住民票を移さなければ、全て旧住所に送付されてしまいます。加害者が住んでいる旧住所に取りに行くわけにもいきませんから、投票や納税や健康診断の時期が近づく度に、役所に相談を繰り返さなければなりません。そして加害者に鉢合わせないようにと祈りながら、旧住所付近の投票所や医療機関を利用することになります。

一応補足すると、書類だけならば、郵便局の転送サービス（「転居届」）を利用すれば、新住所で受け取ること自体は可能です。ただし、この転送期間は一年までで、更新を望む場合は毎年転居届を出し直さなければなりません。忘れたら終わりです。

そして郵便関係でも、ヒューマンエラーは起こりえます。

これが先ほど、事故に遭う確率が「ゼロにはならない」と書いた理由です。たとえ郵便物の転送サービスを利用しても、宛先が間違って届くことはあります。特に転居届を出した直後、切り替えのタイミングでは多いです。地区やエリアにもよるのでしょうが、私の人生だけでも五回は誤配送されていますし、父が配達員の方に嘘をついて、住所を聞き出してしまったという事故もありました。

何より、書留などのサービスは配達ルートを追跡できますから、加害者が「旧居」宛に郵便物を送れば、あなたの最寄りの郵便局が突き止められてしまいます。住所まで特定されるわけではありませんが、かなりリスクが高いのではないでしょうか。

さらに気がかりなのは、総務省が郵便局のデータ活用等について検討会を重ねていて（※

34）、今後、弁護士の照会があれば住所を開示すると発表したことです（※35）。

議事録（※36）や総務省の報道資料（※35）を見る限り、目的は主に脱税などを調べるためで、開示される個人情報は「弁護士会が照会申出を審査して　ＤＶ・ストーカー・児童虐待の事案との関連が窺われない法的手続であり適当と判断した旨を表示して発出した照会に限ります。」とありますが、どうやって「ＤＶ・ストーカー・児童虐待の事案との関連が窺われない」と判断するのか、具体的にどのような運用になっていくのか、個別的な話はまだこれからですから、注意が必要です（二〇二三年六月現在）。

まとめると、住民票を移さないのであれば、それに伴って生じるあらゆる不便やリスクを、自己責任で乗り切らなければならないということです。

③　分籍して、ＤＶ等支援措置を利用して引っ越す

大人になって、私が選択した方法です。

成人ならば、分籍という制度を使って、親の戸籍から抜けることができます。

第一章でも説明したとおり、同一戸籍にいる限り、戸籍の附票《ふひょう》から現住所を調べられてしまいますから（図１・※37）、まずは分籍して自分だけの戸籍を持ちます。その上でさらに、ＤＶ等支援措置を利用して、住民基本台帳、住民票、戸籍の附票、不動産登記簿などに閲覧制限をかけるという方法です。分籍だけでは、直系尊属である父母や祖父母からの閲覧までは防げませんから、この二つは必ず同時に行う必要があります。役所の職員の方や、専門分

図１（※37）

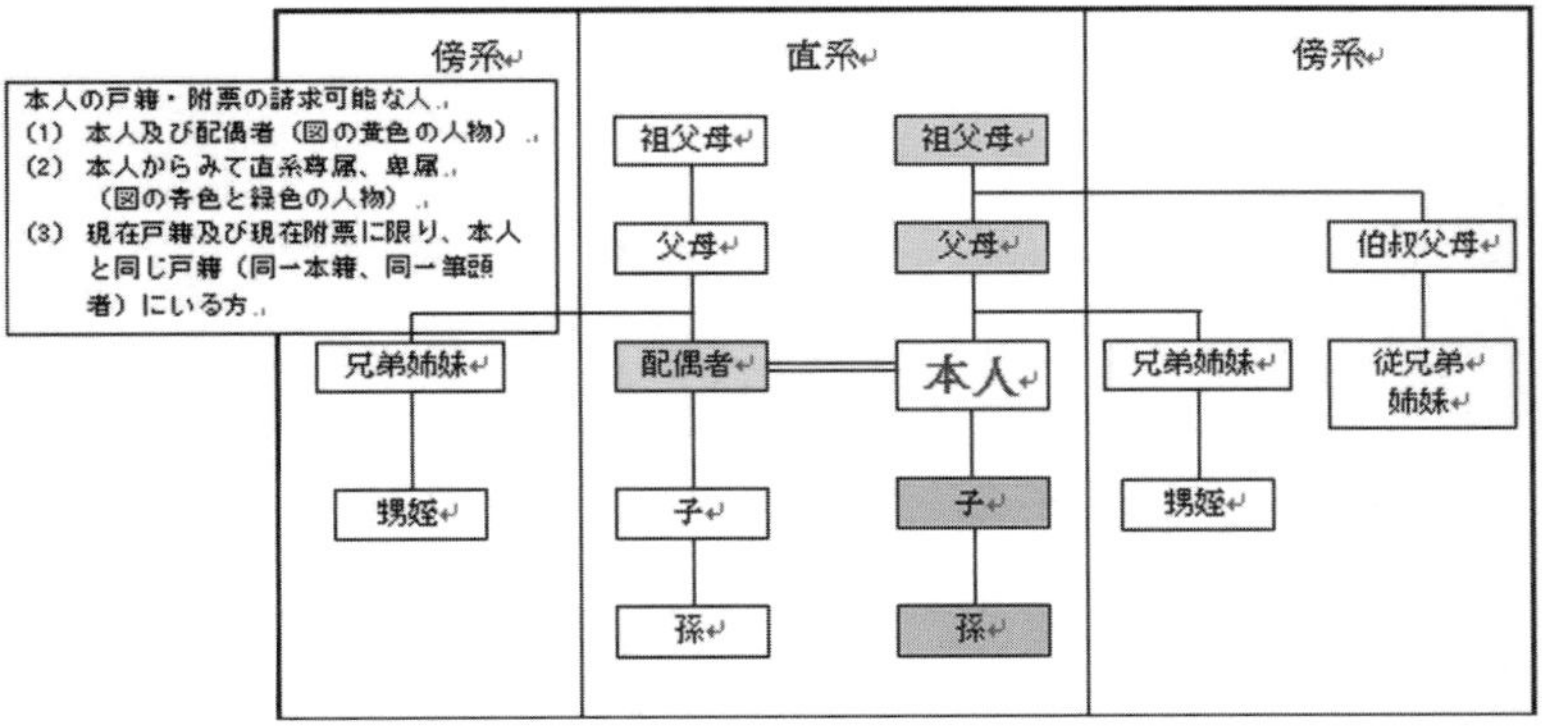

野ではない弁護士の中には、「分籍には精神的な疎外以外にメリットがない」「分籍はしなくてもよい」という方もいるかもしれませんが（私自身、そういった説明を受けた経験があるのですが）、正しくないので無視してください。詳細は本章コラム③（八十四頁）で後述します。

ＤＶ等支援措置のメリットは、国が公式に認めている制度なので、負い目なく加害者から離れられることです。行政上必要な書類も問題なく届きます。ミスや事故が起きない限りは安全です。さらに分籍しておけば、自分が戸籍の筆頭者になるので、他人に本籍地を変更されるおそれがなくなります。

一方でデメリットは、前項②でも触れたとおり、ミスや事故は起きること。

また、ＤＶ等支援措置は一年ごとに更新手続きが必要なので、毎年必ず警察の面談を受けなければなりません（これに関しては、一概に「デメリット」とも言い切れないので補足すると、警察に近況を話しておくことで、何かあったときにすぐ対応してもらえるという側面はあると思います。一方で、更新手続きを忘れてしまうと、不安が残ります。私の住んでいる自治体では、更新を忘れたからといって直ちに支援対象から外れるといったことはないらしいですが、その方針が全国の自治体で同様かは分かりませんし、油断はできません。中にはホームページなどで「支援措置の実施期間を経過しても、申出がない場合は、実施期間満了をもって支援措置を終了します」と明記している市区町村もあります。※38）。

なお、数年前までＤＶ等支援措置のデメリットだった事象として、「加害者の弁護士は住民票を取得できる」というものがありましたが、幸いこちらは二〇一八年三月二十八日から不交付となっています（※39）。ただ、弁護士が依頼人を明かさなかった場合など、各自治体が新しいルールをどのように解釈し運用しているかは未知数のため、支援措置を受ける際は窓口で確認することを強くおすすめします。

分籍のデメリットも挙げておきます（以下を「デメリット」と捉えるかどうかは、明治時代から続く戸籍という古いシステムを、どう判断するかにもよるのですが……。詳細は百四十五頁コラム⑤で記載します）。一度分籍すれば、二度と元の戸籍には戻れません。加害親以外にも親しかった兄弟姉妹などがいる場合は、その兄弟姉妹とも違う戸籍になります。未成年者であれば、分籍の制度自体が利用できません。また分籍をしたところで、戸籍法上の親子の関係が消失するわけでもありません。そして最後に、これは主に女性が不利益を被る部分かと思うのですが、戸籍に自分一人しかいないという状態は一般的には珍しいので、結婚して新たに「入籍」する際などに、不可解な目で見てくる人がいるかもしれません。

チェックポイント

- ✔ 命に関わる暴力にはシェルター避難が有効
- ✔ シェルターへの入所手続きは、警察や配偶者暴力支援センターで行う
- ✔ 引っ越す際は、住民票や戸籍、郵便物の取り扱いに注意
- ✔ ＤＶ等支援措置の申請は役所で行う。詳しくは第五章参照
- ✔ 相談の際は、加害者に気づかれないよう注意。詳しくは本章（四）参照

※30 「ＤＶシェルター特定につながる情報　嘉田参院議員が発言」朝日新聞デジタル、二〇二一年五月十二日
https://www.asahi.com/articles/ASP5D7FX8P5DPTJB00Z.html
　信じがたいことですが、ＤＶシェルターの場所の特定に繋がる情報を、政治家がＹｏｕ Ｔｕｂｅで流してしまったことがあります。私たちからすると「殺す気か」という話なのですが、被害者を血眼になって捜す加害者もまた、有権者の一人だということは留意しておく必要があります。私たちが投票へ行かなければ、加害者に有利な政治家が活躍することになってしまいます。

※31 不動産用語集「住民票」LIFULL HOME'S／ライフルホームズ
https://www.homes.co.jp/words/s2/525002621/

※32 木許はるみ「ＤＶから逃れたのに元夫が突然現れ…原因は『役所のミス』被害女性の怒り」毎日新聞、二〇

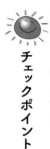

二一年一月二十一日　https://mainichi.jp/articles/20210121/k00/00m/040/004000c

※33　「夫に教えないで！と言ったのに…DVから逃れ暮らす妻の住所、久喜市が夫に送付　妻転居…慰謝料も市が払う」埼玉新聞、二〇二一年二月三日　https://www.saitama-np.co.jp/news/2021/02/03/03.html

※34　「日本郵便、税滞納者らの転居先開示へ　国や弁護士に」日本経済新聞、二〇二二年五月二十六日　https://www.nikkei.com/article/DGXZQOUA2535G0V20C22A5000000/

現実に則して考えれば、加害親が弁護士を介して郵便局に住所照会をかける場合、「自分は何も悪いことをしていないのに、子どもが出て行っていた」「誘拐された」など、嘘《うそ》や歪曲《わいきょく》した説明をする可能性が高いので、郵便局は、何も知らずにあなたの情報を公開してしまうリスクがあります。こうした制度の欠陥は、政府のパブリック・コメント募集の際などに、積極的に国や議員に伝えていくことが必要です。

※35　総務省「郵便の転居届に係る情報の弁護士会への提供の開始」二〇二三年五月三十一日　https://www.soumu.go.jp/menu_news/s-news/01ryutsu14_02000132.html

※36　総務省「『郵便局データの活用とプライバシー保護の在り方に関する検討会』報告書（案）等に対する意見募集の結果及び報告書の公表」　https://www.soumu.go.jp/menu_news/s-news/01ryutsu14_02000123.html

同ページ「2　意見募集の結果及び報告書」＞「提出されたご意見及びそれらに対する総務省の考え方は別添1」（PDF形式）　https://www.soumu.go.jp/main_content/000827730.pdf を、精神的に余裕のある方はぜひご一読ください。知らないところで法律が決まっていく様子が嫌というほど分かります。極端で恐ろしい意見を出す人の存在も見て取れます。パブリック・コメントが募集された際は、こうした極端な意見が通ってしまわないように、私たちが具体的な生活事情を話して伝えることが必要です。

※37　図1画像出典：福井市「戸籍・住民票を請求できる範囲について」最終更新日二〇二〇年三月二十三日
https://www.city.fukui.lg.jp/kurasi/todoke/proof/sehani4956.html

※38　戸田市情報ポータルサイト「住民基本台帳事務における支援措置」＞「支援措置の実施期間」＞「ご注意」
https://www.city.toda.saitama.jp/soshiki/191/simin-shiensochi.html

※39　総務省「ドメスティック・バイオレンス、ストーカー行為等、児童虐待及びこれらに準ずる行為の被害者の保護のための住民基本台帳事務における支援措置に関する裁判所との連携について（通知）」平成三十年十二月三日（ＰＤＦ形式）　https://www.soumu.go.jp/main_content/000587724.pdf

（二）未成年者の「絶縁」の選択肢は一つ。安全に避難するために

経済的に独立していない未成年者が加害親から離れる方法は、事実上、避難一択となります。

祖父母や親戚など、信頼できる大人がいる場合はその人を頼ってもいいですが、どんなに尊敬できる人であったとしても、あなたが連絡したことを、加害者に知らされてしまうおそれがあることだけは、どうか念頭に置いてください。

個人的には、第三者——専門家を頼ることをおすすめします。

大人だからといって、誰もがＤＶ・モラハラに強いわけではありません。むしろ、ほとん

どの人は暴力には関わりたくないと思っています。それは、教師など一見すると「信頼できる人」であっても同じです。インターネットなどで「相談に乗るよ」と、個人の携帯番号を公開しているインフルエンサーなども基本的には変わらないと思ってください。彼らは自分にできる範囲のことしかしませんし、その範囲はとても狭いものです。暴力というのは極めて専門性の高い分野であり、立ち向かうためには、モチベーションだけでなく、深い知識と経験が求められます。したがって相談するのならば、暴力への対処法を熟知していて、且《か》つ、何かあったとき、きちんと責任を取ってくれる人や組織がよいです。具体的には、警察、児童相談所、社会福祉法人、弁護士などがおすすめです。

参考になるか分かりませんが、私のときは、血縁だからといって親戚が助けてくれたことは一度もありませんでした。一方でプロの弁護士を頼ってからは人生が良い方向へと一変しました。未成年者が無料で利用できる法律相談窓口や、衣食住や就職を支援してくれる組織は実はたくさんあります。まずは相談だけでもしてみたいという方は、本章（四）と（六）を先に読んでみてください。窓口を紹介しています。なお、公的機関に相談する際は、通話明細などで加害者に気づかれないように、必ず本章（四）を読んで対策を打ってから電話してください。

以下は、実際に物理的に避難を実行するとなった場合の選択肢です。未成年者が入所できる施設は、主に三種類考えられます。

①　児童養護施設

② 子どもシェルター
③ 自立援助ホーム
それぞれ、概要とメリット・デメリットを見ていきます。

① 児童養護施設

昔は「孤児院」と呼ばれてネガティブなイメージがありましたが、実際は、安全を最優先に命を守ってくれる場所です。全国に約六百カ所あり、親がいない・虐待などの様々な事情から家庭で安全に暮らせなくなった二〜十八歳くらいの子どもが、約二万五千人暮らしています。

児童養護施設で暮らすメリットは、加害親と強制的に離れられること。また、様々なスペシャリストがあなたの生活を支えてくれることです。食事を担当する栄養士や調理員、心理面をサポートする心理療法担当職員、退所後のアフターケアを行う職員など、プロフェッショナルが揃《そろ》っています。ざっくりとした説明ですが、加害親に代わってたくさんの専門家がいる「家庭」という感じです。朝ごはんを食べたら学校へ行き、放課後は宿題や部活をして、友だちと遊びに出かけることもあれば、アルバイトをしている高校生もいます。生活リズムはいたって健全で、拍子抜けするくらいかもしれません。退所後は看護師など希望の職業に就く子もいれば、大学へ進学する子もいます。

一方でデメリットは、入居までに時間がかかる施設が多いことです。児童養護施設を利用する際は、まず児童相談所に申し込まなければなりません。児童相談所は、児童養護施設の空き状況から検討して、様々な問い合わせを行います。問い合わせを受けた児童養護施設は、申し込まれた子どもの情報を検討し、必要に応じて加害親への追及や、今後通学する学校の検討等も行います。また、子どもの心理検査や、入居についての面接、お試し利用期間を挟むこともあります。そうして入居する児童養護施設が決まったら、今度は児童養護施設付近の学校へ転校しなければならないこともあります。

また、生活リズムが健全ということは、裏を返せば寮生活のようなものなので、お風呂や食事の時間などは厳密に決められています。ゲーム機なども、施設の設備は独占できるわけではありません。集団生活が苦手な人は居づらく感じるかもしれません。

入所手続きは、児童相談所を通して行います。詳細は本章（六）でも後述しますが、先に施設がどんな様子か分かるように、ホームページを載せておきます。

■全国児童養護施設協議会　https://www.zenyokyo.gr.jp/
■全国児童養護施設協議会「もっと、もっと知ってほしい児童養護施設」（ＰＤＦ形式）
https://www.zenyokyo.gr.jp/wp/wp-content/uploads/2022/02/pamphlet_jidouyougoshisetsu.pdf
■全国児童養護施設協議会「全国の児童養護施設一覧」
https://www.zenyokyo.gr.jp/about/about-list/

②　子どもシェルター

子どもシェルターは、主に十代半ば～十九歳くらいまでの子どもの緊急避難場所です。児童養護施設と比べて入所者の年齢が高いので、生活リズムはそれぞれの自主性に任されています。日課として時間や生活を縛るものはありません。

最大の特徴でありメリットは、子ども一人一人に担当弁護士がつく施設が多いことです。また、児童養護施設や自立援助ホームは、入居までに数日から数ヶ月かかるところが多いですが、子どもシェルターは、空きがあれば最短で即日入居できます。

施設内では、衣食住やお金の心配のない環境で、三食しっかり食べて、清潔な個室で体をやすめて、のんびりと過ごすことができます。具体的には、テレビを見たり、本や漫画を読んだり、学校から出された課題に取り組んだり、職員とゲームをしたりおしゃべりをしたり、料理や散歩やスポーツをすることもあります。

同時に、職員や弁護士や児童福祉司と一緒に、将来を考えます。必要に応じて通院やカウンセリングを受けることもできますし、今後のことを話し合う会議に参加して、大人のサポートがある中で、「どうやって生きていくか」にしっかりと向き合うことができます。

一方で、児童養護施設との違いでありデメリットは――これをデメリットと捉えるかどうかは、安全に対する考え方にもよりますが――通学やアルバイトなどの外出を伴う行動に制約がある点です。外出時には、職員や児童相談所の児童福祉司等が同行することが多いです。自由に遊びに出たり、友人や恋人と会うことも、原則としてはできません。

また、シェルターの場所を秘密にしなければなりません。

この秘密は絶対に、守らなければなりません（※30・七十三頁）。

加害親だけではなく、友人や恋人にも住所を教えることはできません。そのため、携帯電話やスマートフォン、SNSの利用を禁止されている施設がほとんどです。

これらのルールは、いずれも加害親の追及やストーキングを避けて、子どもシェルターの場所の秘匿性を守るためです。

万が一シェルターの所在地が漏洩《ろうえい》すれば、全員の命にかかわるためです。

昨今はスマートフォンに監視アプリが入れられていることも多く、また加害親は、SNSで血眼になって子どもを捜すことが少なくありません。認めることはつらいかもしれませんが、私たち毒親育ちは、時には「まともな大人」に相談する訓練も必要です。インターネットにあふれる情報を精査するにはリテラシーが求められますが、すぐ隣にいるプロの弁護士に頼らない手はありません。

もちろん、人によっては、この状況を息苦しいと感じる人もいると思います。

そのため、子どもシェルターではできるだけ早く、次の安全な生活場所（児童養護施設や、後述の自立援助ホームなど）を探し、入居申し込みをし、そちらへ移れるように手配をします。

念のため補足すると、これは決して追い出す目的ではなく、人によっては息苦しいと感じる住環境や、「何もしなくてよい」生活の長期化を避けたほうが、未成年者の成長の妨げにならないという人権擁護の観点からです。

したがって、あなたが納得する行き先が決まるまでは、ずっとシェルターにいることができます（最長で九ヶ月弱滞在した方もいるそうです）。

子どもシェルターを利用するためには、まずは東京弁護士会の「子どもの人権110番」という窓口に電話相談することになります（紛らわしいのですが、法務省の「こどもの人権110番」ではないので注意してください）。

なお、地域によっては管轄外ということもありえるので、万が一電話口で助けられないと言われた際は、後述の「社会福祉法人カリヨン子どもセンター『子どもシェルター全国ネットワーク会議』」のホームページから、あなたの家に最も近い子どもシェルターを探して、電話してみてください。

■社会福祉法人カリヨン子どもセンター　https://carillon-cc.or.jp/
■社会福祉法人カリヨン子どもセンター「子どもシェルター全国ネットワーク会議」
https://carillon-cc.or.jp/meeting/

③　自立援助ホーム

児童養護施設や子どもシェルターを退所した子どもや、様々な理由から家庭や施設にいられなくなった子どもが、働きながら暮らす場所です。全国に約二六〇カ所あり、高校生・大学生・専門学校生も大勢暮らしています。

ホームにもよりますが、家賃・水道光熱費・食事込みで月三万円ほどの利用料がかかります。義務教育を修了した十五歳～二十歳（状況によって二十二歳）までの子どもが、経済的・精神的に自立することを目的としており、貯金をすることをルールにしている施設が多いです。

必然的に、メリットとしてはお金を貯《た》められることですが、デメリットは、就学と就労を両立しなければならないため、生活が不安定になりがちなことです。数年でお金を貯めて、アパートを借りて自立したり、会社の寮へ移る人もいれば、精神的な援助が必要で、生活保護を受給しグループホームに入居する人もいます。

それぞれ転居した後は、結婚や出産などの報告をする人も多いようです。施設としても実家の代わりになって、困ったことや、嬉《うれ》しいことがあったとき、退去者にもかかわるようにしています。

入居方法は、本人もしくは同意を得た関係者が、自立援助ホームか居住地域の児童相談所に連絡します。全国の自立援助ホームの場所は、全国自立援助ホーム協議会が一覧にしています。

■全国自立援助ホーム協議会　https://zenjienkyou.jp/about/

■全国自立援助ホーム協議会「自立援助ホーム一覧」　https://zenjienkyou.jp/list/

こうした様々な選択肢、メリット・デメリットを比較検討して、自分がどうやって親から離れていくのか、あるいは、離れないのかを決める必要があります。

チェックポイント

- ✔ 未成年者の避難先は、児童養護施設・子どもシェルター・自立援助ホーム
- ✔ 児童養護施設の入所手続きは、児童相談所に相談して行う
- ✔ 子どもシェルターの入所手続きは、東京弁護士会の子どもの人権110番に電話
- ✔ 電話相談の際は、加害者に気づかれないように注意。詳しくは本章（四）参照
- ✔ 児童相談所などの電話番号などは、本章（六）参照
- ✔ 相談するだけなら窓口はたくさんある。詳しくは本章（六）参照

コラム③　住民票を移すか・移さないか。人為的ミスの深刻さ

住民票を移すか、移さないかで悩む方は多いと思います。

ヒューマンエラーが「起こらない」、せめて「少ない」のであれば、積極的にＤＶ等支援措置の利用を薦められるのですが、残念ながら、ニュースになっている事例以外にも身の危険を感じる場面は多かったので、正直に補足しておきます。

まず私個人のケースを振り返るだけで、知らぬまに父に本籍地を変更されていたことが1回、ＤＶ等支援措置の更新通知が届かなかったことが2回ありました（自治体によっては更新通知制度自体がないところさえあります）。3回のミスのうち2回はコロナ禍《か》だったので、**人災や天災などが起きたときはミスが増える**、ということには留意しておいたほうがいいと思います。

特に想定外で恐かったのは、本籍地を変更されていたことです。

当時、私はＤＶ等支援措置だけを利用して、分籍まではしていなかったのですが、これが事故のきっかけとなりました。役所の方の説明によれば、ふつうは、戸籍筆頭者が本籍地を変更する場合、同一戸籍内の人物全員に通知が届くので心配いらないらしいのですが、私のときは、この通知が届きませんでした。役所の不手際だったのか、郵便事故だったのかは分かりません。ただ私を含めて家族の誰にも通知が届かなかったので、発送元である役所のミスの可能性は否定できないと思っています。

これはかなり恐いことです。今、ＤＶ等支援措置を利用している方の中には、当時の私のように、分籍まではしていないという方も多くいます。理由は、私自身そうだったのですが、役所の職員や一部弁護士の方から、「分籍には精神的な満足を得られる以外にメリットはない」と説明を受けたからです。反対に、一度分籍したら二度と元の戸籍に戻れない、戸籍法上の家族関係が消失するわけではない、

分籍しても相続権は残る、女性だから変な目で見られるかもしれないなど、デメリットの説明はたくさんされました。

　これは、フェアではありません。情報として正しくもありません。

　まず相続権に関しては、**親が借金をして亡くなっても相続放棄が可能**です。

　一方で加害親と同一戸籍にいる限り、勝手に本籍地を変更されるリスクは残り続けます。戸籍筆頭者である加害親が、成人した子どもの本籍地までいつでも自由に移動することができてしまうというのは、明確に理不尽でありデメリットです。たとえ変更時に通知が届くとしても、何度も何度も本籍地を変更されていたらたまったものではありません。嫌がらせで遠方に転籍でもされようものなら、戸籍謄本取得のためだけに旅費や送料が伴う羽目になります。つまり経済的な実害も出てきます。

　分籍は必要です。

　分籍して自分だけの戸籍を持ち、自分が戸籍筆頭者になりさえすれば、本籍地を親に勝手に変えられることはなくなるのですから。

　そのことを、当時、私に説明してくれる人は誰もいませんでした。

　おそらく、役所の方々にとっても想定外だったのだと思います。

　実のところ、ＤＶ等支援措置制度には、こうした「想定外」の不備が少なくありません。制度自体まだ歴史が浅く、ケーススタディが足りていないためです。

　現に、来年（2024年4月1日施行予定）ようやく不動産登記簿や登記事項証明書におけるＤＶ等被害者の保護のための措置が法制化されますが、これについては、私が引っ越しの度に、警察での面談の度に、「不動産登記簿から情報が漏れるリスクがあります」と、長年に亘《わた》り多方面へ説明し続けてきたことです。そして現在は、特定商取引法、インボイス制度、マイナンバーカードの利用などで情報漏洩《ろうえい》の危険があると説明を続けています（※第五章で詳述します）。

　こうした状況の善し悪しはともかく、現実としてシステムが後手に回っているということは、知っておいたほうがよいと思っています。

　ＤＶ等支援措置を利用する際は、役所や警察に頼り切りになるのではなく、私たち被害当事者も、積極的にシステム改善に協力していく必要があるということです。

　もし、それが嫌なのであれば、住民票を「移さない」という選択になるかと思いますが、これはこれで大変です。公的書類が届かないため、納税や健康診断などの時期については自分で調べてリマインドするしかありません。その他の予期せぬ災害などについての自治体からの連絡は知る術がなくなります。さらに加害者側の弁護士が郵便局に照会をかければ住所も把握されてしまう可能性がありますが、その対策は自力で探し、日頃から総務省ホームページなど政治の最新情報に目を光らせ続ける必要があります。その上で、郵便局や運送会社、不動産の管理会社などにはあらかじめ事情を説明しておき、誰かに現住所を聞かれても絶対に話さないようにと念を押しておくことが求められます。

　つまり、住民票を移す・移さない、どちらを選択しても、何もかもを他人に丸投げできる状況は訪れないということです。

　……ただ、これは生きる上で当たり前のことだとも思っています。あくまでも個人的な考えですが、誰かに守ってもらうことを「安全」と定義できるのは、未成年者の特権です。その特権を享受できなかった私たち――虐待育ち――は、自分の身を自分で守るなんて、これまでも当然に、粛々とやってきたことです。書いていてやるせないですが、嘆く暇はなかったし、選択肢はいつもなかったし、それを「当たり前」だなんて私も認めたくはないですが、事実そうだった過去は変えられません。

必要なのは、正確な情報です。

メリット・デメリットを把握した上で、何を優先して、何を選び、そして何を諦めるのか。その取捨選択に責任を持つ方法を、私たちはもう知っているはずです。

今、それ以外に新しく、意識的に追加してやったほうがいいことは、制度に携わる人がミスを犯してしまった際、無条件に許して耐えるのではなく、理由を添えてきちんと批判することです。

加害親のように無闇に怒鳴るのではなく、説明を惜しまないことです。

話を聞いてくれる人もいると、知ることです。

私が今、この本を書いていることもそうですが、話さなければ露呈しない問題というのは確かに存在するし、そして露呈しなければ、言葉にしなければ、社会は変わらないからです。でもそれは——私だけかもしれませんが——悲観することではないと思っています。ＤＶ等支援措置の制度もそうですが、言葉にすれば、仕組みは改善されていくからです。

ゆっくりでも、ほんとうに少しずつでも、変わるんです。

それがどれほど凄《すご》いことか、まったく変わらない加害親を相手にし続けた私たちは、もう知っているはずだと思っています。

（三）証拠を集める。医療機関受診歴、録音・動画、警察への相談録など

親から離れると決めたら、次にすべきことは加害の証拠集めです。DVシェルターやDV等支援措置を利用する場合、手続きの過程で「自分は被害者だ」ということを、第三者に説明しなければなりません。場合によっては、被害の証明を求められることもあります。これは加害者の関係者がシェルターに侵入してしまうことを防ぐためや、様々な理由があるのですが、当事者には気苦労な手続きであることは否めません。

こうした補足を繰り返さなければならない現状も歯痒《はがゆ》いのですが、特にDV等支援措置においては、最終的に支援を決定するのは自治体の職員であり、虐待の専門家ではないため、担当者によっては、無神経な発言をされてしまうことも正直あります。

たとえば、同じ加害親の下に育った兄妹でも、支援措置を受けられるまでに時間差が発生したケースがありました。妹の被害はスムーズに聞き入れてもらえたのですが、兄は「男なんだから自力で対処できないのか」と窓口で突き返されてしまったのです。最終的には、妹の支援が先に決定したことを受けて、兄の担当者も「加害者が同じ人物だから」と渋々と態度を改めましたが、これは分かりにくい男女差別です。

もちろん、こうしたことは稀《まれ》なケースで、ほとんどの職員さんは理解ある方々です。ただ、それでも被害を第三者に伝えるというのは難しいことです。思い出すだけでもつらい出来事を、他人にも理解しやすいように整理して伝えて、場合によっては「嘘《うそ》ではない」

と証明しなければならないというのは、当事者には想像以上にストレスがかかるものです。
ですから、自分を守るためにも、証拠は集めておいたほうがスムーズです。
では、どんなものが証拠となりえるのか。主立ったものとしては、次のようなものがあります。

［DVや虐待被害の証拠となるもの］
□　医療機関の受診歴・診断書など
□　暴力の録画・録音など
□　LINE・メール・SNSの暴力的な文章など
□　被害の記録
□　警察などへの相談記録

一つずつ順に、説明していきます。

医療機関の受診歴・診断書など
物理的な暴力を受けた際は、すぐに病院へ行きましょう。なるべく暴行から時間をあけずに受診することが大切です。時間が経てば経つほど、傷や怪我《けが》が暴行のせいかどうか分かりづらくなってしまうためです。

病院へ行ったという記録自体が証拠の一つとなりますし、さらに診断書をもらっておけば、接近禁止命令などの保護命令を出す際の有力な証拠資料となります。

一方で注意すべき点は、健康保険証やマイナンバーカードを利用すると、加害者に通院履歴を閲覧されかねないことです（※40）。そのため受診の際は、事前に自分の使っているカードが安全かどうか、保険証の発行元や、マイナンバー総合フリーダイヤル「０１２０－９５－０１７８」に電話して、事情を話して必ず確認してください。特にマイナンバーカードは、目まぐるしく状況が変わっているので注意が必要です（詳細は五章（六）・（七）で説明します）。

暴力の録画・録音など

物理的な暴力はもちろん、暴言などの心理的虐待は、発言内容の録画や録音が有効です。自分の権利を防御するための録音は、原則として違法にはならないためです（※41）。ただ、加害者に見つかれば逆ギレされかねませんから、実行に移す際はくれぐれも慎重に行ってください。難しいと感じる際は無理をせず、命を最優先してください。

録音方法はＩＣレコーダーや、スマートフォンの録音アプリなどが考えられます。スマートフォンを使う際は、データ管理に注意してください。加害親には子どもの携帯電話を監視している人が少なくないためです。対策としては、取得した録音データは、速やかにＳＤカードなどに移行して、家庭以外の場所、たとえば職場や学校のロッカーなどに保管してしまうこと。信頼できる人などがいるならば、その人に預かってもらうという方法もあります。なお、クラウドに移行して元データを削除するという方法もありますが、その際は、ログアウトやブラウザの履歴の削除を忘れないようにしてください。パスワードの管理も厳重に。

スマートフォン自体を持っていないという方は、心療内科を受診する方法もあります。心療内科を受診すれば、気持ちが楽になるだけでなく、医師に暴言やモラハラの内容を話しておくことで、カルテに記載してくれる可能性も出てきます。それは後々証拠として提出できます。ただ、医療機関については前記のとおり、健康保険証やマイナンバーカードの利用で加害者に気づかれる可能性もありますから、必ず受診前に健康保険証の発行元やマイナンバー総合フリーダイヤル「0120―95―0178」に電話して、安全を確認してください（詳細は五章（六）・（七）で説明します）。

LINE・メール・SNSの暴力的な文章など

文章で人格否定などの言葉が書かれている場合は、その文面がそのまま証拠となります。LINE、メール、SNS等の文章はもちろん、手紙も該当します。

たとえば私の場合、父が親戚一族中にばら撒《ま》いた嫌がらせの手紙（消印付き）や、共有ポストに貼られた真っ赤なマジックの殴り書きなどを捨てずに保管するようにしていました。大量に送られてきたゴミは都度、写真に撮影して残しました。メールはそのまま委任弁護士に転送しました。正直、証拠を集める作業は気が滅入《めい》りますし、できることならば即座に捨てたい衝動に駆られますが、結果的に、やっておいてよかったです。
ＬＩＮＥやＳＮＳの文章も、スクリーンショットを撮影し、前述の録画・録音などと同様に慎重に保管しておきましょう。

被害の記録

暴力を振るわれたり、物を壊されたり、脅されたり、嫌がらせを受けたときは、場所と時間、そして内容を書き留めておきましょう。いつ・どこで・何をされたのか、できる限り順を追って、具体的に記録しておけば、警察への説明などで役立つことが多いです。
もし、日記帳などノートを買うお金がなかったり、ノート類は勝手に見られそうで恐いというときは、ブログなどに非公開で書いておくという方法もあります。その場合は、ブラウザの履歴の削除などを忘れないようにしましょう。

警察などへの相談記録

警察や児童相談所、配偶者暴力相談支援センターなどの公的機関へ相談すれば、その相談録が証拠の一つとなります。もっとも、ただ「相談しました」と言ってもそれだけでは信じてもらえない可能性があるので、相談した日時、場所、相談機関の名称、担当者の氏名、連絡先などのメモを取っておくようにしましょう。警察であれば、相談カードという聴取記録が作成されるので、写しをもらうとよいです。

何をどう相談すればいいか分からないときは、警察庁のホームページに「警察へ相談に行く際には：https://www.npa.go.jp/cafe-mizen/foryou.html#soudan」という案内があるので、参考にされるとよいと思います。警察以外への相談の際にも役立つ内容です。相談先はたくさんあるので後述しますね。

なお警察に関しては、ＤＶ等支援措置を利用するならば、事前審査と毎年の更新手続きでいずれにせよ面談を受けることになります。同じ相談をするのならば、最初から管轄の警察署に行っておいたほうが二度手間にならず楽です。事前に市区町村役場に電話して、ＤＶ等支援措置の担当エリアを確認しておくとよいでしょう。

チェックポイント

- ✔ 医療機関の受診歴・診断書は早めにもらう。受診の際はマイナ保険証などに注意
- ✔ 暴力の動画・録音の証拠を残す。その際、収集や保管方法に注意
- ✔ 心療内科で暴言について話せば、医師のカルテへの記載が証拠となりうる
- ✔ ＬＩＮＥ・メール・ＳＮＳなどの暴言はスクリーンショットが証拠となりうる
- ✔ 警察などへの相談録も証拠になりうる。担当者の氏名・連絡先のメモを忘れずに

※40　いわき市「ＤＶ・虐待等被害者の方へ健康保険に関するお知らせ」
https://www.city.iwaki.lg.jp/www/contents/1641527707425/index.html
※41　なごみ法律事務所「黙って録音するのは違法じゃないんですか?」　https://nagomilaw.com/column/388/

（四）公的機関への相談の仕方

証拠を集め始めたら、公的機関にも相談していきましょう。

証拠を集めるのが難しい方は、いきなり公的機関に相談しても大丈夫です。あくまでも証拠はあったほうがスムーズだというだけで、なければ話せないということではありません。前述のとおり、今は手元になんの証拠もなかったとしても、公的機関や専門家に相談すれば、その相談記録自体が一つの証拠ともなりえます。

何より、公的機関を頼れば、一人で抱えこむよりもずっと気持ちが楽になります。

相談に対応してくれる方は大半がプロフェッショナルですし、自分一人では知りようもなかった制度や法律について教えてくれることもたくさんあります。

なお、この数年、以前は有償だったサービスが無料になったり、一部相談機関の電話番号が変わったりと、たくさんの変化が起こっています。したがって、以下の紹介には各相談機関のホームページのＵＲＬも併記しておきます。万が一電話が繋《つな》がらないなどの不具合が起きた際は、ＷＥＢから最新情報を確認してみてください。ＵＲＬも変わってしまっているという場合は、お手数ですが検索をお願いします。

一点だけあらかじめ補足すると、「０１２０」から始まる番号など通話無料の電話は、一部ＩＰ電話では利用できないことがほとんどです。また、自宅の電話は、通話明細を加害者に閲覧されるため使えない、という方も多いと思います。たとえ端末上の履歴を削除しても、請求書に添付される書類で気づかれてしまうこともあります。

自宅の電話からかけられない・繋《つな》がらないという方は、公衆電話を利用する方法があります。

公衆電話を利用する際は、先にお金やテレホンカードを入れなければいけませんが、「０１２０」で始まる番号や、児童相談所虐待対応ダイヤル「１８９《いちはやく》」、また警察や消防など通話無料の番号ならば、後から戻ります。最初にダイヤルをプッシュするために、最低限、十円または百円硬貨一枚（五円・五百円硬貨・お札は使えないので注意！）か、テレホンカード一枚を用意する必要がありますが、それさえあればかけられます。硬貨は電話を切った後に戻ってきますし、テレホンカードならば通話度数が減りません。

公衆電話の設置場所は、ＮＴＴのホームページで調べることができます。

■ＮＴＴ東日本　公衆電話設置場所検索

https://publictelephone.ntt-east.co.jp/ptd/map/

■ＮＴＴ西日本　公衆電話設置場所検索
https://www.ntt-west.co.jp/ptd/map/

公衆電話が遠すぎるという方は、学校や職場などの電話を借りるか、友人など信頼できる人の携帯電話を借りる方法もあります。それもためらわれる方は、メールやＬＩＮＥで相談できる施設もあります。メールを送ろうにもインターネットを繋げないという方は、図書館でパソコンを借りられることが多いです。メールアドレスは無料で作成する方法がたくさんありますから、ぜひ検索してみてください。

最後に、繰り返しで恐縮ですが、自宅から問題なく電話できるという方も、通話先を加害者に知られたら何が起こるか分かりませんから、くれぐれも履歴の削除を忘れないようにしてください。パソコンやインターネットからの相談に関しても同様です。忘れずにブラウザの閲覧履歴を削除するようにしてください。

それでは、相談窓口を見ていきましょう。なるべく無料の相談先を集めました。有償サービスにはその旨注意書きをしています。

たくさんあるので、ぜひご活用ください。

チェックポイント

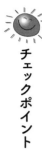

✔ 自宅から電話をする際は、通話履歴などで加害者に気づかれないよう注意
✔ 189など通話無料の電話番号は、公衆電話からも無料でかけられる
✔ 公衆電話からの無料通話は、十円か百円硬貨、もしくはテレホンカードを用意
✔ メールやLINEで相談できる施設もある
✔ 図書館のパソコンから相談するという方法もある

（五）相談先一覧

目次を見て、最初にこのページから読み始める方もいるかもしれないので、念のためもう一度記載します。相談機関を利用される際は、通話明細などで加害者に気づかれないように、対策を打ってから実行に移してください。一般的に、加害者は報復傾向が強く、警察などの第三者に助けを求めると加害が激化するというケースがあるためです。自宅の電話を使えない方は、公衆電話を利用するなど、様々な方法があります。必ず本章（四）を読んでから、本項にお目通し願います。もっとも、今まさに殴られていて死にそうだというケースにおいては、対策を打つ暇もないはずですから、110番通報をためらわないでください。

以下、「虐待を受けたら」「配偶者やパートナーから暴力を受けたら」「ストーカーやつきまといに遭ったら」という項目別に相談先を記載します。未成年者の方には、本章（六）で、

専用の無料相談窓口をまとめています。併せてご覧ください。

［虐待を受けたら］

①　警察　緊急ダイヤル　１１０

命にかかわる暴力を振るわれたら、迷わず１１０番通報を。意外と盲点というか、ためらってしまう方も多いのですが、虐待は通報して大丈夫です。緊急ではない案件についても、様々な相談窓口が用意されています。警察署の生活安全課も一つですし、身近なところだと、交番でお巡りさんに相談するという方法もあります。

いきなり警察へ行くのはハードルが高いと感じる方は、警察庁ホームページにある「警察へ相談に行く際には」というページがとても分かりやすく、相談の際にどんな準備をしておけばいいかまとめてくれているので、併せてＵＲＬを載せておきます。警察以外に相談する際にも役に立つ内容です。

■警視庁「相談窓口」
https://www.keishicho.metro.tokyo.lg.jp/sodan/madoguchi/index.html

■警察庁「警察へ相談に行く際には」
https://www.npa.go.jp/cafe-mizen/foryou.html#soudan

②　市区町村の役所

市民（区民・町民・村民）の相談窓口。こちらも盲点というか、知らない方が多いのですが、生活で困ったことは、なんでも役所に相談して大丈夫です。たとえば食べるものがないといった生活の困窮や、虐待・ＤＶなどの相談も受け付けています。必要ならば、より直接的な支援に繋《つな》がる施設も紹介してもらえます。全国の市区役所・町村役場の場所は、「お住まいの市区町村＋役場」で検索してみてください。

③ 児童相談所虐待対応ダイヤル　１８９《いちはやく》

虐待を受けたときや、虐待かもしれないと悩んだときに、いつでも児童相談所に通告・相談できる専用ダイヤルです。いざというときのために、「１８９《いちはやく》」と覚えておくとよいです。この番号にかければ、自動的にあなたが住んでいる地域の児童相談所に繋《つな》げてもらえます。匿名で相談できて、秘密も守られます。通話料は無料です（一部ＩＰ電話を除く。以降、通話無料の番号は全て同様です。自宅からかけられない方は、公衆電話を利用する方法があります。詳細は本章（四）をご参照ください）。

■厚生労働省「児童相談所虐待対応ダイヤル『１８９』について」
https://www.mhlw.go.jp/stf/seisakunitsuite/bunya/kodomo/kodomo_kosodate/dial_189.html

④　児童相談所

全国の児童相談所の場所は、厚生労働省のホームページが一覧にしています。直接会って相談する場合も、相談料は無料です。秘密も厳守されます。なお、あまり知られていませんが、児童相談所は虐待だけではなく、幅広く子育ての相談に応じてくれる機関です。たとえば、「育児がつらい」「周りの子たちよりも発育が遅れている気がする」といった、養育に関する様々な悩みも一緒に考えてくれます。

■厚生労働省「全国児童相談所一覧」
https://www.mhlw.go.jp/stf/seisakunitsuite/bunya/kodomo/kodomo_kosodate/zisouichiran.html

⑤　24時間子供ＳＯＳダイヤル　０１２０−０−７８３１０《なやみ言おう》

虐待や「いじめ」など子どものＳＯＳ全般について、夜間・休日を含めて二十四時間いつでも相談できる無料の電話番号です。保護者も利用できます。運営は都道府県や指定都市教育委員会です。

■文部科学省「『24時間子供ＳＯＳダイヤル』について」
https://www.mext.go.jp/ijime/detail/dial.htm

⑥　こどもの人権１１０番　０１２０−００７−１１０

虐待や「いじめ」など、子どもの人権問題に関する専用相談電話です。大人も利用できます。受付は平日八時三十分〜十七時十五分。対応してくれるのは法務局職員または人権擁護委員です。相談料は無料、秘密も厳守されます。メール相談もできます。また、まだ一部の地域だけですが、LINE相談も始まっています（二〇二三年一月四日現在、三十六都道府県で実施）。

■法務省「こどもの人権110番」

https://www.moj.go.jp/JINKEN/jinken112.html

⑦　保健所

今まではPCR検査のイメージが強かった保健所ですが、重い障害のある子どもや、長期にわたる病気を持つ子どもの相談、療育なども行っている施設です。虐待やDVの相談もできます。全国の保健所の管轄区域は、厚生労働省のホームページが一覧にしています。

■厚生労働省「保健所管轄区域案内」

https://www.mhlw.go.jp/stf/seisakunitsuite/bunya/kenkou_iryou/kenkou/hokenjo/

⑧　精神保健福祉センター

心の相談を専門とする公的機関。精神医療、社会復帰相談、アルコール、薬物、思春期、認知症などの他、虐待やDVの相談もできます。全国の精神保健福祉センターの場所は、全国精神保険福祉センター長会のホームページが一覧にしています。

■全国精神保健福祉センター長会「全国精神保健福祉センター一覧」
https://www.zmhwc.jp/centerlist.html

⑨ 法テラス

国が設立した法的トラブル解決の総合案内所。全国各地に事務所があり、法制度や手続きを紹介してもらえます。経済的に困窮している場合は、無料法律相談や、弁護士や司法書士費用の立替（分割払い）制度も利用できます。全国の事務所は法テラスのホームページが一覧にしています。多言語情報提供サービスも充実しています。

■日本司法支援センター法テラス「お近くの法テラス（地方事務所一覧）」
https://www.houterasu.or.jp/chihoujimusho/

■Legal Information for Foreign Nationals（外国人のみなさまへ）
https://www.houterasu.or.jp/multilingual/

⑩ 法テラス・犯罪被害者支援ダイヤル　0120－0797714《なくことないよ》

犯罪被害に遭ったときは、無料で法テラスに電話できます。虐待は傷害罪（刑法第２０４条）や暴行罪（刑法第２０８条）に該当するケースが多いです。受付は平日九時～二十一時、土曜日九時～十七時（祝日・年末年始は除く）。

■日本司法支援センター法テラス「法テラス・犯罪被害者支援ダイヤル」

https://www.houterasu.or.jp/higaishashien/index.html

［配偶者やパートナーから暴力を受けたら］

①　警察　緊急ダイヤル　１１０

命にかかわる暴力を振るわれたら、迷わず１１０番通報を。

■警視庁「配偶者からの暴力」

https://www.keishicho.metro.tokyo.lg.jp/kurashi/higai/dv/haigusha.html

②　警察相談専用電話　＃９１１０　※通話有料

緊急ではない相談は、通話料がかかりますが「＃９１１０」という専用ダイヤルもあります。「＃」の付け忘れに注意してください。相談内容に応じて、相手方への警告・検挙など必要な措置を講じたり、より専門性の高い機関を紹介してくれます。受付は平日八時三十分～十七時十五分（各都道府県警察本部で異なります）。

■政府広報オンライン「警察に対する相談は警察相談専用電話『＃９１１０』番へ」

https://www.gov-online.go.jp/useful/article/201309/3.html

③ DV相談＋（プラス）　0120—279《つなぐ》—889《はやく》

内閣府が実施しているDV相談サービス。利用も通話も無料です。「これってDV？」「今すぐパートナーから逃げたい」「自分だけでなく子どもも心配」など、どんな悩みも専門の相談員が一緒に考えてくれます。電話とメールは二十四時間受付、チャットは十二時〜二十二時まで。チャットは十カ国語に対応しています。

■DV相談＋（プラス）　https://soudanplus.jp/

④ DV相談ナビ　＃8008《はれれば》　※通話有料

内閣府が実施しているDV相談ナビサービスです。どこに相談すればいいか分からないとき、発信地の情報から、最寄りの配偶者暴力相談支援センターに直接繋《つな》げてくれます。一般の固定電話にかけるときと同じ通話料がかかり、相談は各センターの受付時間内に限りますが、緊急性の高い案件にも対応しています。もっとも、命にかかわる際は警察の110番が一番速くて確実です。いざというときは通報をためらわないでください。

■内閣府男女共同参画局「DV相談について」
https://www.gender.go.jp/policy/no_violence/dv_navi/index.html

⑤　配偶者暴力相談支援センター

ＤＶ防止法に基づいて都道府県が設置している公的機関。ＤＶに関する相談ができて、必要に応じて他の相談機関の紹介、カウンセリング、緊急時には同伴者（家族など）を含めた安全の確保・一時保護、施設の利用提供、就業の促進、住宅の確保なども行ってくれます。なお、配偶者暴力相談の「配偶者」とは、結婚相手だけに限りません。事実婚や、同棲中の彼氏なども含まれます。離婚後に元配偶者から暴力やモラハラを受けている場合も対象です。全国の配偶者暴力相談支援センターの連絡先は、男女共同参画局が一覧にしています。

■内閣府男女共同参画局「相談機関一覧」
https://www.gender.go.jp/policy/no_violence/e-vaw/soudankikan/index.html

■内閣府男女共同参画局「配偶者暴力相談支援センターの機能を果たす施設一覧」（ＰＤＦ形式）
https://www.gender.go.jp/policy/no_violence/e-vaw/soudankikan/pdf/center.pdf

⑥　女性の人権ホットライン　０５７０－０７０－８１０　※通話有料

配偶者やパートナーからの暴力、職場や学校での「いじめ」やセクシュアル・ハラスメント、ストーカーなど、様々な悩みを相談できます。受付は平日八時三十分～十七時十五分。電話すれば最寄りの法務局・地方法務局に繋《つな》がり、女性の人権問題に詳しい法務局職員または人権擁護委員が対応してくれます。通話料がかかりますが、相談自体は無料です（携帯電話からナビダイヤル「０５７０」で始まる番号への通話料金は、固定電話の約十倍、具体的には二十秒ごとに税込十一円がかかるため注意してください）。

■法務省人権擁護局「女性の人権ホットライン」

https://www.moj.go.jp/JINKEN/jinken108.html

⑦　婦人相談所

売春防止法第三十四条に基づいて都道府県が設置している公的機関。元々は買春に巻きこまれた女子の相談、指導、一時保護などを行う施設でしたが、配偶者の暴力やストーカーに関する相談にも応じています。必要に応じて避難先なども紹介してくれます。全国の婦人相談所の場所は、厚生労働省が一覧にしています。

■厚生労働省「全国の婦人相談所一覧（令和３年６月１日現在）」（ＰＤＦ形式）

https://www.mhlw.go.jp/content/000832936.pdf

⑧　婦人保護施設・民間シェルター

売春防止法第三十六条に基づいて都道府県や社会福祉法人などが設置している

機関。いわゆるＤＶシェルターです。元々は買春に巻きこまれた女子を保護する施設でしたが、近年はシェルターとしての役割を果たし、虐待やＤＶ、ストーカー、貧困など、様々な理由で生活を営むのが困難な女性も保護の対象としています。公営と民営のものがあり、安全のために場所は非公開です。入所手続きは⑦の婦人相談所を通して行います。

■内閣府男女共同参画局「婦人保護施設」
https://www.gender.go.jp/policy/no_violence/e-vaw/soudankikan/03.html

⑨　母子生活支援施設　※有償サービス

児童福祉法第三十八条に規定されている児童福祉施設。十八歳未満の子どもを養育している母子家庭や、母子家庭に近い状態（ＤＶなどで実質父親がいない状態など）の女性と子どもが入所できます。世帯の所得に応じて利用料の負担があり、水道光熱費についても実費での負担が必要ですが、世帯ごとに個室が用意されており、プライベートを守って生活できます。保育や学習サービス、将来自立した生活を送るための様々な支援も充実しています。特別な事情がある場合、例外的に子どもが満二十歳になるまで在所も可能です。場所は安全のために非公開であることがほとんどです。入所手続きは地域の福祉事務所で行います。

■社会福祉法人　全国社会福祉協議会・全国母子生活支援施設協議会「母子生活支

援施設とは」 https://www.zenbokyou.jp/outline/

⑩　福祉事務所

福祉事務所という建物がある地域もあれば、市区町村役場の福祉課が福祉事務所を兼任している地域もあります。食べるものや住む場所がないなど、様々な生活の困りごとの相談窓口になっています。母子生活支援施設の入所も福祉事務所を通して行います。全国の福祉事務所は、厚生労働省が一覧にしています。

■厚生労働省「福祉事務所一覧（令和4年4月1日現在）」（Excel形式）
https://www.mhlw.go.jp/content/000924848.xlsx

⑪　法テラス　DV等被害者法律相談援助制度

特定侵害行為（DV・ストーカー・児童虐待）の被害を受けている・受けている疑いのある人が、経済状態にかかわらず法律相談を受けられる制度。相談にはDV・ストーカー・児童虐待の支援実務経験や理解のある弁護士が選任されます。生活に困窮している場合は無料法律相談や、弁護士や司法書士費用の援助や立替（分割払い）制度も利用できます。

■日本司法支援センター法テラス「DV等被害者法律相談援助制度」
https://www.houterasu.or.jp/higaishashien/seido/higaishasoudan.html

⑫ 法テラス・サポートダイヤル　0570−078374《おなやみなし》　※通話有料　IP電話やプリペイド携帯・海外からは　03−6745−5600

法的トラブルに巻きこまれている、もしくは法的トラブルかどうか分からないときに、必要な法制度や支援窓口などを紹介してくれる専用ダイヤル。通話料がかかります。受付は平日九時〜二十一時、土曜日九時〜十七時（祝日・年末年始は除く）。

■日本司法支援センター法テラス「法テラス・サポートダイヤル」
https://www.houterasu.or.jp/madoguchi_info/call_center/index.html

［ストーカーやつきまといに遭ったら］

① 警察　緊急ダイヤル　110

身の危険を感じたら、迷わず110番通報を。

② 警察庁

ストーカーは、少しでも「変だな？」と引っかかることがあれば、被害がより深刻になる前に相談したほうが良いケースが多いです。警察に相談すれば、必要に応じて自宅や職場周辺のパトロールなども行ってもらえます。また、二〇二一年から警察庁が専用の情報ポータルサイトを始めたので、ぜひご活用ください。

■警察庁「ストーカー被害防止のためのポータルサイト」

https://www.npa.go.jp/cafe-mizen/index.html

■警察庁「相談窓口」

https://www.npa.go.jp/cafe-mizen/consultation.html

■警察庁「警察へ相談に行く際には」

https://www.npa.go.jp/cafe-mizen/foryou.html#soudan

③ 婦人相談所

売春防止法第三十四条に基づいて都道府県が設置している公的機関。元々は買春に巻きこまれた女子の相談、指導、一時保護などを行う施設でしたが、配偶者の暴力やストーカーに関する相談にも応じています。必要に応じて避難先なども紹介してくれます。全国の婦人相談所の場所は、厚生労働省が一覧にしています。

■厚生労働省「全国の婦人相談所一覧（令和3年6月1日現在）」（ＰＤＦ形式）

https://www.mhlw.go.jp/content/000832936.pdf

④ 男女共同参画センター

地域によって「女性センター」「男女共同参画センター」など名称は様々です。

都道府県・市区町村が自主的に設置している施設で、女性が抱える問題全般の情報提供、相談、研究などを行っています。全国の男女共同参画関係機関・相談窓口は、男女共同参画局がPDF形式で一覧にしています。

■内閣府男女共同参画局「男女共同参画のための総合的な施設（都道府県・政令指定都市一覧）」 https://www.gender.go.jp/policy/chihou_renkei/pref_shisetsu.html

■内閣府男女共同参画局「男女共同参画関係機関、情報・相談窓口一覧」（PDF形式） https://www.gender.go.jp/research/joho/pdf/01-1.pdf

⑤ **女性の人権ホットライン　0570―070―810　※通話有料**

ストーカーの悩みも相談できます。受付は平日八時三十分～十七時十五分。法務局職員または人権擁護委員が対応してくれます。通話料金がかかりますが、相談自体は無料です（携帯電話からナビダイヤル「0570」で始まる番号への通話料金は、固定電話の約十倍、具体的には二十秒ごとに税込十一円がかかるため注意してください）。

■法務省人権擁護局「女性の人権ホットライン」

https://www.moj.go.jp/JINKEN/jinken108.html

⑥ **被害者ホットライン　※管轄の検察庁によって番号が異なります。**

被害者が、検察庁へ気軽に被害相談や事件に関する問い合わせを行える専用電話です。夜間・休日は伝言やＦＡＸでの利用も可能です。全国の被害者ホットラインは、法務省が一覧にしています。

■法務省「被害者ホットライン連絡先」
https://www.moj.go.jp/keiji1/keiji_keiji11-9.html

⑦　その他の相談先

［虐待を受けたら］［配偶者やパートナーから暴力を受けたら］でご紹介した施設もほぼ全て利用できます。福祉事務所、精神保健福祉センター、法テラスなど、ぜひ併せてご参照ください。本書に記載した施設ならば、どこに電話しても、適切な機関に繋げてくれるはずです。万が一、それでも不安が残る……という場合は、本章（七）で紹介している「政治家に相談する」という選択肢を、ぜひ試してみてください。いきなり政治家に相談しても大丈夫です。

（六）未成年者が無料で利用できる相談先一覧

①　（五）で紹介した無料施設全て

大人が利用できる福祉施設は、未成年者も全て利用できます。特に［虐待を受

に力になってくれる相談先をピックアップしてご紹介します。ぜひ読んでみてください。以下は、本章（二）と重複する部分もありますが、特けたら」では、未成年者の話を聞いてくれる場所をたくさん紹介しているので、

②　東京弁護士会「子どもの人権110番」　03―3503―0110

法務省の「こどもの人権110番」とは別に、東京弁護士会が行っている電話相談です。日本全国から電話できます。通話料金はかかりますが、弁護士に無料で相談することができます。ホームページには「名前は言わなくても良いです。秘密は絶対守ります。嫌になったら切ってもいいです。どんなことでも一緒に考えます」と書かれています。実際、いじめや体罰、虐待、家出、不登校、親の離婚など、子どもの人権にかかわるあらゆる事柄を匿名で相談できます。今日帰るところがなかったり、虐待や犯罪などの危険から避難しなければならないときは、避難場所となる子どもシェルターの運営をしている社会福祉法人カリヨン子どもセンターにも連絡することもできます（万が一、電話しても助けられない・場所が遠すぎるなど言われたときは、社会福祉法人カリヨン子どもセンター「子どもシェルター全国ネットワーク会議」のホームページから、一番近いシェルターを探して、その番号に電話してみてください）。相談時間は平日と土曜日とで異なります。

・平日十三時三十分〜十六時三十分、十七時〜二十時（受付は十九時四十五分まで）

・土曜日十三時〜十六時（受付は十五時四十五分まで）

なお、東京弁護士会の「子どもの人権110番」では、二〇一五年から暫定的《ざんてい》に、「無戸籍に関する相談」（成人含む）も行っています。無戸籍の方、ご家族が無戸籍の方、学校・専門機関の方から相談を受け付けています。

■東京弁護士会「子どもの人権110番」

https://www.toben.or.jp/bengoshi/center/tel/children.html

■社会福祉法人カリヨン子どもセンター https://carillon-cc.or.jp/

■社会福祉法人カリヨン子どもセンター「子どもシェルター全国ネットワーク会議」

https://carillon-cc.or.jp/meeting/

③ 東京弁護士会「こどもの人権面接相談」 03―3581―2205（問い合わせ用）

東京弁護士会は、電話相談の他に面接相談も行っています。まずは②の番号に電話して、面接の希望を伝えてください。初回相談は無料です。電話相談や面接相談の結果、担当弁護士が継続して相談を受けたり、事件受任し、代理人として活動する場合等は有料となりますが、この場合にも、お金のない人のために弁護士費用を援助する制度があるので、気軽に相談することができます。

面接相談は水曜日と土曜日に行われていて、それぞれ場所と時間が異なります。

・水曜日（霞が関法律相談センター）…十三時三十分〜十六時三十分

・土曜日（池袋法律相談センター）……十三時～十六時

■東京弁護士会「子どもの人権面接相談」

https://www.toben.or.jp/bengoshi/center/tel/children.html

■常設相談・東京弁護士会子どもの人権救済センター　パンフレット（ＰＤＦ形式）

https://www.toben.or.jp/entry_img/soudan/children_leaflet.pdf

④　弁護士会の子どもの人権に関する相談窓口一覧

日本弁護士連合会が用意している、子どものための相談窓口です。無料で弁護士に相談できて、秘密も厳守されます。あなたが住んでいる地域の弁護士を探すこともできますし、それ以外の全国の弁護士に相談することもできます。今はまだ通話料がかかってしまう地域が多いですが、第二東京弁護士会（@439hitrs）と大分県弁護士会（@fcl0219t）には、ＬＩＮＥで相談ができます（二〇二二年六月現在）。また、新潟県と滋賀県の弁護士会ではフリーダイヤルが使えます。今後、無料で相談できる地域は増えていくと思いますから、ぜひ最新情報をホームページで確認してみてください。全国の弁護士会の相談受付時間や電話番号、ＬＩＮＥのＩＤなどは、ＰＤＦ資料「弁護士会の子どもの人権相談窓口一覧」にまとまっています。

■日本弁護士連合会「弁護士会の子どもの人権に関する相談窓口一覧」

https://www.nichibenren.or.jp/legal_advice/search/other/child.html
■日本弁護士連合会「弁護士会の子どもの人権相談窓口一覧（２０２２年6月現在）」（ＰＤＦ形式）　https://www.nichibenren.or.jp/library/pdf/legal_advice/search/kodomo_madoguchi.pdf

⑤　子どもシェルター

子どもの緊急避難場所です。虐待など様々な事情から家庭で安全に暮らせなくなった子どもが、最短で即日入居できます。利用料は無料です。利用するためには、まずは②の東京弁護士会「子どもの人権１１０番」に電話することになります。万が一、電話しても助けられないと言われたときは、社会福祉法人カリヨン子どもセンター「子どもシェルター全国ネットワーク会議」のホームページから、一番近いシェルターを探して、その番号に電話してみてください。

■社会福祉法人カリヨン子どもセンター　https://carillon-cc.or.jp/
■社会福祉法人カリヨン子どもセンター「子どもシェルター全国ネットワーク会議」
https://carillon-cc.or.jp/meeting/

⑥　児童養護施設

昔は「孤児院」と呼ばれてネガティブなイメージがありましたが、実際は、安全を最優先に命を守ってくれる場所です。全国に約六百カ所あり、二～十八歳くらいの利用者が約二万五千人暮らしています。全国の児童養護施設の場所と連絡先は、全国児童養護施設協議会が一覧にしています。なお、児童養護施設への入所手続きは、児童相談所を通じて行われるため、まずは本章（五）「虐待を受けたら」で紹介した、④の児童相談所（一〇〇頁）に電話することになります。

■全国児童養護施設協議会　https://www.zenyokyo.gr.jp/

■全国児童養護施設協議会「もっと、もっと知ってほしい児童養護施設」（ＰＤＦ形式）　https://www.zenyokyo.gr.jp/wp/wp-content/uploads/2022/02/pamphlet_jidouyougoshisetsu.pdf

■全国児童養護施設協議会「全国の児童養護施設一覧」

https://www.zenyokyo.gr.jp/about/about-list/

⑦　自立援助ホーム　※有償施設ですが、無関係ではないので載せておきます

児童養護施設や子どもシェルターを退所した子どもや、様々な理由から家庭や施設にいられなくなった子どもが、働きながら暮らす場所です。ホームにもよりますが、家賃・水道光熱費・食事込みで月三万円ほどの利用料がかかります。義務教育を修了した十五歳～二十歳（状況によって二十二歳）までの子どもが、経済的・精神的に自立することを目的としており、貯金をすることをルールにしている

施設が多いです。入居方法は、本人もしくは同意を得た関係者が、自立援助ホームか居住地域の児童相談所に連絡します。全国の自立援助ホームの場所は、全国自立援助ホーム協議会が一覧にしています（協議会未入会ホームを除く）。

■全国自立援助ホーム協議会　https://zenjienkyou.jp/

■全国自立援助ホーム協議会「自立援助ホーム一覧」　https://zenjienkyou.jp/list/

（七）政治家に相談するという選択肢を持つ

ここまで読んでいただいたあなたに、ぜひもう一つ、有効活用していただきたい相談先があります。

政治家です。

政治家というと、偉い人、生きる世界が違う人、汚職ばかりで信用できない人というイメージさえあるかもしれませんが、その実、親身に話を聞いてくれる議員は大勢います。知られていないだけです。

特に、あなたの選挙区選出の議員は、あなたの頼もしい味方になってくれます。

政治家というのは本来、国民の生活をよくするのが仕事です。必要な支援や制度を紹介してくれるだけでなく、議会で問題を包括的に取り上げて、社会全体を良くしていってくれます。社会が良くなれば、被害の絶対数も減っていきます。

政治家のお給料は私たちの税金ですから、困りごとを相談するのにお金を払う必要はありません。日本は国民主権の国ですから、遠慮もいりません。政治家の仕事はあなたを助けることです。万が一、あなたの相談を蔑《ないがし》ろするような議員がいれば、次の選挙の投票で落とせばよいです。同時に、対立候補に相談にいくとよいでしょう。「あなたのライバルの○○さんは私の話を聞いてくれませんでした」と説明すれば、きっと親身になって聞いてくれるはずです。

身近な相談先としてのおすすめは、国会議員よりも、むしろ市区町村議会議員などの地方議会議員です。というのも、DV等支援措置の管轄は自治体ですから、地方議員ならば、担当となる役所にも顔が知られているケースが多いためです。いざというときは後ろ盾になってくれますし、親切な議員は窓口まで付き添ってくれます。

ご自身の選挙区選出の議員は、「○○市（区町村）＋議員名簿」で検索を。大抵は市区町村役場のホームページに一覧になっています。色々な政党があって迷うかもしれませんが、あまり気にしなくて大丈夫です。手当たり次第メールしてみて、丁寧な返信があった人から順に頼るくらいの感覚で問題ありません。実権を握っているのは与党ですが、野党議員のほうが精力的に動いてくれるということもたくさんあります。与党？　野党？　よくわからない……という場合も心配はいりません。色々な政治家と話すうちに、見えてくることもあると思います。不明点は、それこそ議員に聞けばよいです。

ただ一点だけ、世界平和統一家庭連合（旧統一教会）という宗教と繋《つな》がりのある政治家が多くて問題になっているので、そこだけは事前に検索などで確かめてみたほうがよいと思います（※42）。特に与党議員に多いので（※43）、自民党、公明党（公明党は旧統一協会よりも創価学会員の方が多いですが）、また国会で与党と方針の一致することが多い野党（日本維新の会、国民民主党など）に相談する際も、連絡を取る前に過去のニュースなどを確認したほうが確実かと思います。もっとも、どこの党だから無条件に信頼できるということは基本的にないので、他の野党議員（立憲民主党、日本共産党、れいわ新選組など）や、できたばかりで内情がよく分からない政党（参政党、政治家女子48党など）の議員に相談する際も、不祥事を調べる手間は惜しまないことをおすすめします。不祥事への対応や判断は人によって様々ですが、たとえば、運転していた乗用車を人にぶつけて、さらに殴るなどの暴行を加えて殺人未遂容疑で逮捕された秘書を再雇用している議員（※44）などは、虐待被害当事者としては理解に苦しみますから、最初から近づかないほうが身の安全のためかなとは思います。もちろん、これは極端な例ですが、そういう人もいるので、選挙は死活問題ということだけはどうか覚えておいてください。投票の参考にする意味でも、不祥事を調べることや、直接議員と話すことは有効です。できればどちらも行うことをおすすめします（加害親と同様、不祥事だらけなのに有権者への人当たりだけは異常によいという議員もいます。そうした議員や候補は特に注意が必要です）。

政治家へのアポイントの取り方ですが、おすすめは議員事務所への電話かメールです。F

ＦＡＸも読まれることが多いです。私の場合は、まずはメールを送り、返信がない場合は改めて電話するようにしています。大抵は秘書の方が電話に出ます。皆さんとても親切です。

議員の連絡先は検索すれば出てきます。緊張するかもしれませんが、いきなり電話して大丈夫です。その電話を受けるのも議員の仕事です。昨今はTwitterやInstagramなどSNSを使っている議員も多いですから、リプライやDMを送って反応を見てもよいでしょう。「そんなにフランクでいいの？」と驚かれる方も多いですが、よほど非常識な声かけをしない限り、怒られることはありません。むしろそこで威圧的になるような議員はおすすめできません。

地元の政治家に伝《つて》ができれば、日常生活を送る上での安心材料にもなります。

地方の政治家は顔見知りすぎて頼りづらい……という方は、国会議員に相談してももちろん大丈夫です。ＤＶや虐待問題に詳しい議員をご紹介すると、新潟選挙区の打越《うちこし》さく良《ら》議員。打越議員は弁護士で、ＤＶや虐待問題に精力的に取り組んでいます。東京選挙区の山添拓《やまぞえたく》議員も弁護士です。路上生活者にも当たり前に声をかけるような方で、丁寧に話を聞いてくれます。また、北海道7区の篠田奈保子《しのだなおこ》弁護士も、ＤＶや虐待問題に詳しい方で、議員候補です。候補というのはつまり、あなたの投票で、いつか議員になるかもしれない人です。

誰に相談すればいいか分からないというときは、参考になさってみてください。

チェックポイント

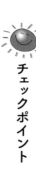

✔ 政治家に相談するという選択肢をもつ
✔ DV等支援措置の管轄が自治体なので、相談は地方議会議員がおすすめ
✔ 国会議員に相談してもOK。地元選挙区選出議員は頼もしい味方になってくれる
✔ 味方になってくれなければ、対立候補に投票
✔ 政治家に相談する際は、事前に不祥事をチェック
✔ 相談は、議員事務所への電話かメール、FAXがおすすめ。SNSで声をかけてもOK

※42「旧統一会の関連団体・企業一覧図　紀藤弁護士は『ここまで手広いケースはない』」NEWSポストセブン、二〇二二年八月三十一日　https://www.news-postseven.com/archives/20220831_1788326.html?DETAIL
※43「旧統一教会・関連団体と関係があった自民党議員一覧」産経新聞、二〇二二年九月八日　https://www.sankei.com/article/20220908-7WLARKHNR5MELCFQNSRBRTXLLQ/
※44「梅村みずほ参院議員の秘書を逮捕、知人への殺人未遂容疑」産経新聞、二〇二一年四月二十六日　https://www.sankei.com/article/20210426-N77B53N64RJABNRFGTQHKWYDME/
これらの記事に限らず、ニュースサイトは短期間で削除される可能性がありますが、参考までに掲載しておきます。

（八）福祉サービス第三者評価とは。親切な相談員と出会うために

ここまでたくさんの相談機関をご紹介してきましたが、もう一つだけ、念のため注意事項を記載しておきます。

もしも相談員が冷たかったら、どうすればよいのか、ということです。

政治家ならば選挙で落とせばよいのですが、福祉職員については、相性もある、ということを補足しておきます。勇気を出して電話をかけても、心のこもっていない事務的な対応をされれば気が滅入《めい》るものです。「淡々と聞いてもらったほうが楽」という方も中にはいますが、こうした感じ方ばかりは人それぞれ、千差万別です。ですから、「合わないな」と思う対応をされた際は、どうか引きずらずに、別の支援窓口へ連絡してみてください。そのためにも、本書では可能な限り多様な相談先を紹介してきました。プロの組織の良いところは、必要に応じて担当者を変えたり、より直接的な支援に繋《つな》がる機関を紹介したりしてくれるところです。せっかくたくさんのスペシャリストがいるのですから、一カ所や一人にこだわる理由はありません。

同時にこちらも補足しておきますが、支援職だからといって誰もが聖人かと言うと、全くそんなことはない、というのが実情です。残念ながら、福祉に携わる人間でも無自覚に加害やハラスメントを行う人はいます。勉強量も十人十色です。

人助けを職業にするということは、困りごとを解決する対価にお金をもらうということです。お金をもらうからこそ、ボランティアでは到底まかなえないような細やかなケアを行うことができますし、飽きたからといって無責任に投げ出さずに、支援を続けることができます。しかしながら、日本においては現場職員の給与がえてして低いという問題もあります。

裏を返せば、嫌になれば、支援職の人にも辞める権利があるということです。

ＤＶやモラハラ、暴力を相手取って毎日闘い続けるというのは大変な仕事です。あなたの電話を受けた人は、ついさっきまで赤の他人の虐待親から理不尽に怒鳴り散らされていた直後かもしれません。もちろん、だからといってあなたが冷たくされていい謂《いわ》れはないのですが、お客様は神様ではなくて人間ですから、想像力だけは忘れずにいたいものです。

その上で、なるべく親身に相談に乗ってくれる担当者に出会うためにも、福祉サービス第三者評価についてお話しておきます。

福祉サービス第三者評価とは、児童養護施設や母子生活支援施設など、様々な福祉事業所やサービスの実態を、公正・中立な第三者機関が専門的に評価する仕組みのことです。

この福祉サービス第三者評価は、誰でも閲覧することができます。

もし、相談しようと思っている窓口が自分に合うか心配であれば、こうした第三者の評価を事前に参照するとよいでしょう。各都道府県の福祉施設の評価は、全国社会福祉協議会のホームページから検索することができます。ＵＲＬを載せておきますね。

■全国社会福祉協議会　福祉サービス第三者評価事業　http://shakyo-hyouka.net/

■全国社会福祉協議会　社会的養護施設第三者評価結果　検索
http://www.shakyo-hyouka.net/search/index.php

なお、ＳＮＳの一般の口コミについては、あまり参考にはならないと思ってください。とりわけ女性支援の施設については、昨今、男性が私怨まじりに悪口を書き散らしているケースがあまりにも多いため、素人が実情を見分けるのは至難の業です。女性を攻撃するタイプの加害者は、同じく女性を虐待する者同士で親しくなるという傾向があります（※45）。

また、ＬＧＢＴＱ＋の支援施設についても、デマを流す人が増えています。

政治家など権力への批判ならまだしも、そうではない一般職の人間に対して、もし、似たような属性の人が集まって一斉に悪口を言っているときは、その「大勢」にこそ非がないか、冷静に見極めることが必要です。

しかしながら虐待親に苦しんで支援窓口に相談しようとしているときに、そんな余裕はないと思います。

ですから、あまり気にせず、最寄りの相談所に電話していけばよいです。

「合わなければ次」と、ドライに割り切ることも必要です。

その上で、極端に酷《ひど》い対応をされた際は、自治体に申し入れをしましょう。具体的には、市区町村役場か都道府県庁に伝えればよいです。福祉サービスの実施主体は都道府県や市区町村ですから、管轄の事業所で適正な業務が行われているかどうか、定期的に査定が行われています。また、社会福祉協議会にも、福祉サービスへの苦情を受け付ける運営適正化委員会があります。お住まいのエリアの社会福祉協議会へ連絡してもよいでしょう。

ちなみに、苦情を申し入れたからといって相手方に知られることはありません。ただ、内容によって「あの人だな」と察しがつくことはあります。心配な方は、相談から少し時期をずらして苦情を入れるとよいかもしれません。

チェックポイント

- ✔ 支援窓口の評判は、福祉サービス第三者評価でチェック
- ✔ ＳＮＳの一般の口コミはあまり参考にならない
- ✔ 相談員と相性が合わなければ別の窓口へ相談すればよい
- ✔ 福祉サービスへの苦情は市区町村役場・都道府県庁・社会福祉協議会へ

※45 ランディ・バンクロフト、ジェイ・Ｇ・シルバーマン共著（二〇〇二）『ＤＶにさらされる子どもたち（新訳版）――親としての加害者が家族機能に及ぼす影響』幾島幸子訳、金剛出版 二十八頁

コラム④　家父長制ってなに？

あまり知られていませんが、「家」とは元々、1898年の明治民法で制定された制度に過ぎません。そして第二次世界大戦後の1947年には廃止されています。たった49年しか続かなかったシステムがどのような内容だったかというと、**一家の長である家長（男性）が、家族全員に対して絶対的な支配権を持つ**というものでした（※46）。

迷惑な話です。

加害する父親の下で育った方ならおそらく体感的に分かると思うのですが、この家父長制の影響が、多くの家庭において現在まで及んでいます。

ＤＶやハラスメントに政治が絡んでいることは実のところ少なくありません。たとえば苗字《みょうじ》。いまだに選択的夫婦別姓が実現されないのは、「氏」というものが、男系の氏の継承という家制度の名残として存在し続けているからです。婚姻制度も同様です。女性は結婚すると男性の家に「入る」という意識が脈々と残っているため、新しい戸籍を作るときにさえ、まるで男性の所有物にでもなるかのように「入籍」という言葉が使われます。

そして実際に、日本の女性は「入籍」と同時に、自分の身体に対する自己決定権を奪われます。日本の法律においては、女性は結婚したが最後、自分一人の意志で中絶することができません。嘘《うそ》のような本当の話なのですが、現代日本では、夫婦間で望まない妊娠をしてしまった場合、女性が中絶したければ、男性配偶者に許可を得なければ基本的に違法となります（※47）。承諾書がなければ対応してくれない病院が多いです（※48）。中絶の方法も世界に比べて遅れていて、いまだに母胎に大きな負担を強いる掻爬術《そうはじゅつ》が行われています。掻爬術とは、子宮に金属の器具を入れて掻《か》き出す中絶方法です（※49）。海外ではすでに80以上の国と地域で、ＷＨＯが推奨する安全な経口中絶薬が承認されていますが、日本では2023年4月にやっと承認されて、一部医療機関で販売が始まったばかりです（※50）。さらに、薬の利用こそ認められても、服用には「配偶者の許可が必要」と、またしても男性が女性を支配する前提のような発言があって物議を醸しています（※51）。独断で服用した場合、堕胎罪で懲役になる可能性すらあります（※52）。繰り返しますが、2023年現在の話です。

　出産は命懸けの行為です。産みたくない人に産めというのは、死ねと命ずるも同然の虐待です（※53）。だのになぜか日本では、いつまで経ってもこの法律が変わりません。

　こうしたことを知らずに結婚する女性は後を絶ちません。良いパートナーに恵まれれば、「運よく」出産の無理強いを回避できますが、それは文字通り運に過ぎません。法的な安全保障がないというのはそういうことです。少子化が問題だとしきりに騒がれますが、こんな状況下で産みたいと思う女性が増えるほうが不思議ではないでしょうか。

　理不尽な制度を変えるためには、選挙へ行き――そしてここからが肝心ですが――投票後も、議員がきちんと公約を守っているかを見守り、必要に応じて、言葉を惜しまず真摯《しんし》に批判することが必要です。

※46　小林未来「『家』制度なくなったのに… 嫁、主人、家父長制結婚後の現実」朝日新聞デジタル、2021-09-12
https://www.asahi.com/articles/ASP9C66MGP8KUCLV00M.html

※47　日本において人工妊娠中絶が認められるのは、①身体的・経済的理由により母体の健康を損なう場合 ②暴行や脅迫によるレイプによって妊娠した場合で、①の場合、原則として配偶者の同意が必要です。
また、人工妊娠中絶ができる期間は妊娠22週未満です。
本書は特定政党を支持するものではないですが、

この件に関しては立憲民主党のホームページが分かりやすいのでシェアします。

「中絶に『配偶者同意』が必要なのは日本を含めて11か国・地域のみ（世界203か国中）」 https://cdp-japan.jp/campaign/gender_equality/fact/006

※48　場合により男性の同意書を不要としている、秘密厳守の病院もあります。

※49　Lavoon「安全な人工妊娠中絶について」
https://lavoon.com/2021/07/05/safeabortion/

※50　亀田真由「国内初の経口中絶薬『メフィーゴパック』普及はどこまで進むか」AnswersNews、2023-5-29
https://answers.ten-navi.com/pharmanews/25695/

※51　ルーパート・ウィングフィールド＝ヘイズ「日本ではなぜ経口中絶薬に配偶者の同意が必要なのか」ＢＢＣニュース（東京）、2022-09-01
https://www.bbc.com/japanese/features-and-analysis-62747655

記事中に「中絶を望む女性は夫やパートナー、場合によってはボーイフレンドから、書面で許可を得なくてはならない」とありますが、法的に同意書が必要なのはあくまでも婚姻関係にあるパートナーだけです。婚姻前の同意書は不要です。そうにもかかわらず、民事トラブル回避のためにボーイフレンドにさえ同意書を求める施設が少なくないということです（※54）。

※52　横浜ロード法律事務所「堕胎罪（自己堕胎罪）」
https://www.yokohama-roadlaw.com/glossary/cat/post_459.html

※53　Ｐ＆Ｍ法律事務所、林本悠希監修「多産ＤＶが女性に与えるリスク。妻ができる対処法と相談先とは？」離婚弁護士ナビ、2021-10-20
https://ricon-pro.com/columns/538/

多産ＤＶという言葉があります。望まぬ妊娠を繰り返させて女性の心身に負担を与え、経済や時間を拘束し、女性側の出産の意思決定権を侵害することは虐待行為です。

※54　日本産婦人科医会「22.あまり教えてくれない人工妊娠中絶に関する同意について」

https://www.jaog.or.jp/lecture/22-%E3%81%82%E3%81%BE%E3%82%8A%E6%95%99%E3%81%88%E3%81%A6%E3%81%8F%E3%82%8C%E3%81%AA%E3%81%84%E4%BA%BA%E5%B7%A5%E5%A6%8A%E5%A8%A0%E4%B8%AD%E7%B5%B6%E3%81%AB%E9%96%A2%E3%81%99%E3%82%8B%E5%90%8C

「配偶者が存在しない患者さんにおける人工妊娠中絶同意書の配偶者署名欄に性的パートナーの署名は不要」「ＤＶ等で事実上婚姻関係が破綻している場合、人工妊娠中絶同意書の配偶者署名欄に配偶者の署名は不要」。つまり母体保護法上は、未婚や事実婚など配偶者が存在しない場合は、人工妊娠中絶同意書に性的パートナーの同意は不要です。

第四章

加害親と離れる準備（後編）

（一）新居の探し方。市区町村、配達エリア、通勤通学ルートを変える

親と物理的に距離を置くためには、遅かれ早かれ引っ越しを検討することになると思うので、転居の準備についても書いておきます。一般的な賃貸住宅の探し方や注意点については割愛《かつあい》します。本書では、あくまでも「加害親から距離を置く」ために特化した方法に絞って書いていきます。

まず、新居の探し方について。実家から引っ越す場合も、既に一人暮らしをされていて現住所から引っ越す場合も、気をつけるポイントが四つあります。

[新居を探すときのポイント]
①市区町村を変える
②運送会社の配達エリアを変える
③加害者と通勤・通学ルートが重ならないようにする
④ＤＶ等支援措置の更新通知制度が導入されている自治体を選ぶ

それぞれ説明していきます。まず①について。加害者から可能な限り距離を置く、という部分は体感的に分かりやすいかと思うのですが、距離に加えて、最低でも、市区町村は変えるように心がけてください。少し離れても同一市区町村内にいる限り、役所の窓口に必要書

類を取りに行く際などに、加害者に鉢合わせてしまう可能性が残るためです。

②の配達エリアについては、たとえば今、最寄りのヤマト運輸営業所がA町にある場合は、新居の最寄りの営業所はB市やC区になるようにしてください。同様に、日本通運、日本郵便、佐川急便、また地方の大手物流会社など、各運送会社の最寄りの営業所が、今と同じにならないエリアで新居を探してください。営業所が同じである限り、配達員の方も今までと同じ人物になる可能性が高いからです。そうすると、その配達員の方が、善意で「家族」に新居を伝えてしまう可能性があります。もちろん、運送会社は各社で個人情報の取扱いについて定めているのですが、ヒューマンエラーばかりは防ぎようがないためです。

③についても盲点となってしまうケースが多いので注意してください。たとえば、加害者が山手線を利用しているならば、山手線沿線の物件は選ばないほうが無難です。電車で鉢合わせてしまう可能性が高いためです。

そして、④について。DV等支援措置を利用する場合、一年ごとに更新が必要となるため、そのことを書面などで通知してくれる自治体を選んでおくと安心できます。これに関しては、引っ越し前に市区町村役場に電話して、「DV等支援措置を利用したいのですが、更新通知制度はありますか？（更新の時期が近づいたら書面などで連絡を頂けますか?）」と確認してみるとよいでしょう。住みたい町に更新通知制度がないとがっかりしてしまうかもしれませんが、視点を変えると、住民サービスが行き届いていない町に引っ越しても後々苦労することが多いですから、先に気づけてよかったということかもしれません。

もっとも、更新通知制度があったとしても、事故などで必要書類が届かないことはあります（八十四頁・コラム③）。また、担当者が変わることによって、せっかくの制度が廃止されてしまうこともあります。そうした際は、投書や議員への声かけなどで問題提起することが大切です。また、身の安全を守るためには、自分でリマインドしておくなどの工夫や保険も必要です。こちらについては第六章で説明します。

チェックポイント

- ✔ 新居を探すときは、市区町村を変える
- ✔ 運送会社の配達エリアを変える
- ✔ 加害者と通勤・通学ルートが重ならないようにする
- ✔ DV等支援措置の更新通知制度が導入されている自治体を選ぶ
- ✔ 更新通知制度のある自治体を選んでも、ヒューマンエラーへの対策を怠らない

（二）引っ越しの必需品、盗聴器の検査、DV・ストーカー対策専門業者

実家から引っ越す場合と、一人暮らしの家からさらに引っ越す場合とで、注意点が異なり

ます。それぞれ見ていきます。

実家から引っ越す場合

実家から引っ越す場合は、最低限の荷物、できれば身一つで移動できるように準備しておくことをおすすめします。基本的に引越業者は使わない方向で考えてください。加害者の留守を見計らって、寝具や家具を運び出すことも不可能ではないですが、リスクが大きいためです。家具の所有権などを巡って後々「盗難」を主張されても面倒ですし、引っ越しトラックが入ってくれば否応《いやおう》なく目立ちます。たとえ加害者には見つからずに済んだとしても、近所の方が偶然居合わせて、「〇〇運送のトラックが来ていましたよ」と加害者に話してしまう可能性もあります。

家具がないと心細いかもしれませんが、大抵の物は後から揃《そろ》えることができます。ジモティやメルカリ、リサイクルショップなどを利用すれば、タダで手に入れたり、安く買ったりすることも可能です。また、シェルターならば最初から揃っています。

それらを踏まえた上で、現実的かつ安全に実家から引っ越す方法を考えると、まずは物件や避難場所を押さえておき、そこに身一つで入居するという形になると思います。

その際、必要となるものと、可能であれば持っていきたいものをリストアップします。

なお、あまりにも周到に身辺整理をしてしまうと、加害者に引っ越しを気取られることがあるので、直前まで普段どおり生活するように心がけてください。

［引っ越し準備セット］

□ **現金**　……一人暮らしの初期費用で二十万円ほどかかることが多いです。

□ **クレジットカード**　……引き落とし口座が自分名義で、請求書も新住所に送付されるもの。加害者の手元に古いカードを置いてきてしまった場合は、クレジットカードの発行会社に連絡して利用を止めてもらいましょう。その上で、新しいカードを作り直します。

□ **運転免許証や健康保険証、学生証、パスポート、マイナンバーカードなどの身分証明書**　……最低でもどれか一つは、他の身分証の再発行のためにもあったほうがよいです。特に健康保険証は、怪我《けが》や病気になったときが心配なので可能であれば持ち出したいところです。ただ、健康保険証やマイナンバーカードの設定次第では、加害者に居場所を知られるリスクもありますから、使うときは、事前に安全確認を忘れずに。引っ越し後はなるべく早いうちに、新しい自分名義の保険証を作ることをおすすめします（詳細は第五章で解説しています）。

□ **銀行口座（預金通帳・印鑑・デジタル通帳のパスワードなど）**　……あれば。なければ新しく作りましょう。最近は印鑑レス口座も増えています。

□ **数日分の下着や衣服**

□ **常備薬**　……女性は生理用品も忘れずに。薬だけは忘れたら焦ると思うので、覚えているうちに職場や学校、ロッカーなどに少しずつ移動させておくとよいです。

信頼できる人に預けておくというのも一つの手です。また、新しい病院でも処方してもらえるように、薬の種類をメモしておくことも大切です。

□　虐待やＤＶ被害の証拠。メモ・日記・録画・診断書など　……あれば。

□　不動産登記簿など財産を証明する書類　……あれば。

なお、携帯電話やスマートフォンは、あると便利な一方で、監視アプリなどを入れられていたら厄介なので、持っていく場合は、事前に設定の「すべてのアプリ」から不審なアプリがないか確認するか、ウイルスソフトで除去するか、不安であれば初期化してください。

これ以外にどうしても持って行きたいものは、配送日を引っ越し「後」に指定して、新住所に郵送すればよいです。たとえばヤマト運輸（クロネコヤマト）であれば、発送日の翌日から一週間先まで配送日を指定できるので、引っ越す二日前に近くのヤマト運輸営業所から発送して、引っ越し後五日以内に、新居で受け取るといった方法が可能です。ただし、前述のとおり家具など大きい物は目立ちますし、「盗難」を主張されても面倒なので、本当に必要なものだけに留めることをおすすめします。

私のときは、知識がなかったのでふつうに引っ越してしまったのですが、それでも生前の母の写真など最低限欲しかったものだけを文庫本サイズのアルバムにまとめて、それ以外はほとんど置いてきました。母が遺してくれた本も、いつか自分で買おうと決めて写真に撮って、置いてきました。また、これは人によって違うかもしれないのですが、私の場合、せっかく持ち出した所有物も、何年もかけて少しずつ処分してしまいました。今、家の中で、実家から持ち出してきたもので残っているのは数セットの食器くらいです（と書きながら、食器持ってきたんだ……と思い出して苦笑しています。百円ショップで買うこともできるのに）。

当たり前のことですが、形ある物は壊れます。どんなに愛着がある物でも、いつか使えなくなる時が来ます。命懸けで持ち出しても、壊れるんです。まだ使える物を捨てるのは忍びないかもしれませんが、それでも積み荷は捨てられます。

まずは落ちついて、何を優先すべきか、冷静に考えてみてください。

その上で、リスクを承知でどうしても家具と一緒に引っ越さざるを得ない事情のある方は、専門業者を利用することをおすすめします。

たとえば、女性によるＤＶストーカー夜逃げ・引越専門相談所の夜逃げ屋ＴＳＣは、ＤＶ・ストーカー被害経験者が運営する民間引越業者で、避難的引っ越しに対応しています。シェルター入居や住民票の移転などの相談にも応じてくれます。

こうした専門の引越業者では、追跡されないように荷物を倉庫に一時保管したり、別のトラックに積み直したり、ＧＰＳや盗聴器の調査をしたり、身辺警護やボディガードをしてくれたり、新居や仮住まいを手配してくれます。もちろん、各社で料金やサービス内容は少しずつ異なりますから、事前に詳細を問い合わせたほうがよいと思います。そこは一般的な引っ越しと同じです。本書では、過去にＮＨＫ取材なども入っている夜逃げ屋ＴＳＣさんのサービスをご紹介しておきます。

［ＤＶ・ストーカー対策引越業者］
夜逃げ屋ＴＳＣ

ＤＶ・ストーカー被害経験者が運営する唯一の民間引越業者です。状況に応じて一時移転先、住民票移転相談、生活保護申請などの行政手続きにも対応してくれます。引越業者と分からない格好に扮《ふん》した自宅訪問見積りや、最短六時間での引っ越し準備が可能です。警察や弁護士、行政書士との連携経験も豊富で、法的対応が必要な場合は別途費用がかかることもありますが、相談自体は無料でできます。

「夜逃げ」と言われてもピンと来ない……という方は、Ｔｗｉｔｔｅｒで極めて具体的なエッセイ漫画が連載されているので、ぜひ読んでみてください。漫画家の宮野シンイチさんが、ＴＳＣに体当たり取材をし、関係者全員の許諾を得た上で公開しているものです（ＤＶ・虐待描写が含まれます。とても社会的意義の強い作品ですが、フラッシュバックなどが起きる可能性もあるので、読まれる際はどうか無理をせず、必要に応じてゆっくり休んでください）。

なお、作中に登場する社長さんとは、私も電話取材でお話したのですが、もうびっくりするくらい、漫画に出てくるパワフルな女性そのままです。

私が感銘を受けたエピソードを一つご紹介すると、命懸けの子連れ避難の際、小さな男の子が押入れにこもって出てこなくなってしまって、どうしようとお母さんが焦っていたら、社長がとっさに仮面ライダーごっこを始めて、無事に引っ越しを完了することができたそうです。

■夜逃げ屋ＴＳＣ公式ホームページ　http://soudan24.info/
■夜逃げ屋日記（宮野シンイチ@夜逃げ屋日記　Ｔｗｉｔｔｅｒ）
https://twitter.com/Chameleon_0219/status/1562377667248541697

ちなみに、避難的引っ越しの「専門業者」は、他にも検索をすると複数出てくるのですが、中には詐欺まがいの業者もあるため注意が必要です。

心配な方は、大手引っ越しサービスに「シークレット引っ越しサービス」のオプションがないか問い合わせてみるのもよいと思います。安全のため公にされていないことが多いですが、企業のロゴが入っていないトラックを所有している会社もあります。

その他、実際に引っ越すとなった場合は、ＤＶ等支援措置をかけるタイミングなどでも気をつけることが多いので、それについては第五章をご参照ください。

一人暮らしの家からさらに引っ越す場合

既に一人暮らしをしているけれど、親からの執拗《しつよう》なつきまといに苦しんでいるという方は、引っ越し前に盗聴器や隠しカメラの検査も視野に入れてください。

まさかそんな、と思うかもしれませんが、過干渉な親の中には、「子どもの悩みを知るため」という言い分で、ぬいぐるみなどに盗聴器を仕掛ける人が実際にいるためです。

かく言う私自身、盗聴器の検査を依頼したことがあります。いつのまにか部屋の鍵が開いていたり、家の外観を撮影した写真がポストに投函《とうかん》されたり、話した覚えのないことを父に知られているということが何度もあったためです。何回引っ越しても新居を追跡される理由も、当時はまさか戸籍の附票《ふひょう》だなどとは思わなかったので、探偵に依頼して、盗聴器を探してもらったことがありました。結果的に、私のときは盗聴器こそ見つからなかったのですが、後に、不動産業者経由で個人情報が漏洩《ろうえい》していたことが分かりました（盗聴器が原因ではないと可能性を一つ潰《つぶ》したことで、本当の原因に思い当たることができました）。

さすがにこうしたケースは珍しいと信じたいのですが、心あたりのある方は、一度調べてしまうとすっきりするのでおすすめです。

また最近は、スマートフォンにインストールできる監視アプリや、スパイアプリなども出回っていますから、こちらも注意が必要です。設定の「すべてのアプリ一覧」から探して削除するか、初期化するか、心配であれば機種変更してしまうのも手です。念のため補足すると、相手の許可を取らずに勝手にアプリをインストールすることや、無断で遠隔操作することは違法です。しかしながら、加害者にはそんなことお構いなしの人が多いのが実情です。

引っ越し自体の注意点については、一人暮らしの家からさらに引っ越す場合、実家から引っ越すことに比べたらはるかに楽です。それでもDV等支援措置を申請するタイミングなどで注意が必要なので、詳細は第五章をご参照ください。

その他、引っ越し日程を加害者に知られないように気をつけてください。加害親の不意の来訪が多い方は、引っ越し当日に来られてしまったら台無しですから、事前に、その日は留守にしていると伝えておくとよいでしょう。

チェックポイント

✔ 実家から引っ越すときは、荷物は最低限の物だけにする
✔ 実家から引っ越すときは、引越業者は使わず、身一つで移動するのがベスト
✔ どうしても引っ越し業者を使う必要ある場合、専門業者へ依頼する
✔ 一人暮らしの家からさらに引っ越すときは、加害者に日程を知られないよう注意
✔ スマートフォンの監視アプリや、盗聴器・隠しカメラなどに注意
✔ ＤＶ等支援措置を申請するタイミングなどは、五章で確認

（三）新居に繋がりそうな情報は全て廃棄する

いよいよ引っ越すことが決まったら、最後に、新居の特定に繋《つな》がりそうな情報を削除して

いきましょう。特に、パソコンや携帯電話、スマートフォンなどのデータは、加害者が復元できないように、データ消去ソフトなどで確実に破棄《はき》することをおすすめします。

そして、破棄した後はもう何も調べないことが大切です。引っ越し当日の天気などをうっかり検索しようものなら台無しです。気象情報のエリアから新居の特定に繋《つな》がりかねません。不安であれば、ハードディスクやＳＳＤを物理的に破損するか、ゴミに出せるものならば処分してしまうのも手です。ただし、ゴミを漁る加害者もいますから、処分する際は、家の中や近所に手掛かりが残らないように気をつけてください。

その他、アナログ面では、加害者との共通の知人などに、引っ越し先を伝えないように気をつけましょう。加害者には聞き込み調査を行う人もいるからです。

また、落ちつくまでは、加害者と繋がっていない匿名アカウントであったとしても、ＳＮＳには何も書かないほうがよいです。「引っ越し」などのキーワードで検索されるおそれがあるからです。詳細は第六章で説明します。

また、クレジットカード、銀行のキャッシュカード、スマートフォンや携帯電話などは、利用明細から居場所が割れることがあります。名義と請求先が完全に新しいものに切り替わるまで、ローカルショップでの利用や、地域が分かる場所へ電話をかけることは、控えたほうがよいでしょう。こちらは第五章で説明します。

チェックポイント

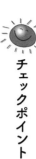

✔ 引っ越し直前に、新居に繋がりそうな情報を全削除
✔ データ消去ソフトなどを使うか、物理的に破棄して確実に消去する
✔ データ消去後の端末では、もう何も調べない
✔ ゴミの中にも手掛かりを残さないよう注意
✔ 加害者との共通の知人に、引っ越しの話はしない
✔ 匿名アカウントであっても、引っ越しの話は書かない
✔ クレジットカードなどは、請求先が完全に切り替わるまで利用を控える

コラム⑤　戸籍制度が残っているのは日本と台湾だけ

あまり知られていませんが、世界で戸籍制度が残っているのは、日本と台湾だけです。韓国でも2008年に戸籍は廃止されて、個人単位の国民登録制度に切り替えられています。虐待・ＤＶ・ストーカーと戸籍との関連については、一章から四章まで書いてきたとおりですが、改めて――

なぜ、戸籍筆頭者は、父親であることが大半なのでしょうか。

なぜ、戸籍筆頭者は、家族全員の本籍地を勝手に変えられるのでしょうか。

なぜ、戸籍筆頭者は、許可もなく配偶者や子どもの居場所を閲覧できるのでしょうか。

理不尽の所以は明治時代に遡《さかのぼ》ります。コラム④（127頁）で家父長制について話しましたが、戸籍制度もこの家父長制の名残です。そもそも戸籍の元の性格は天皇の臣民簿であり（※55）、国家が、人間を「家」という家族集団単位で管理し、支配する目的で作られた身分制度です。だから結婚、離婚、養子縁組などで、「部外者」が家に出入りするたびに届出が義務付けられています。同一戸籍内にいる人間は「戸主」に従うのが当然という暗黙の前提がありました。この「戸主」が、現在の「戸籍筆頭者」の概念にまで脈々と繋がっています。

個人よりも「戸」の利益を優先することで、得をしたのは誰でしょうか。政府は、「家の恥」「戸籍を汚す」「親に顔向けできない」といった価値観を浸透させることで、「お国の父」「天皇陛下のために」「立派に死んでいく」富国強兵を邁進《まいしん》していきました。その結果どうなったかは、歴史が証明しています。韓国で2008年に廃止された戸籍制度も、台湾に残存する戸籍制度も、元をただせば日本の植民地統治時代に日本が導入させたものですから、戸籍は戦争の道具だったということがよく分かります。

「親が子どもを好き勝手にできる」戸籍システムにおいて、運悪く加害親にあたってしまった私たちは、分籍やら支援措置やらマスキング申入れやら、もしも個人単位の国民登録制度だったなら「最初から必要なかった」旧時代的な手続きを、大量に求められ続けているということですね。実のところ、私たち虐待被害者以外にも、婚外子差別、部落差別、トランスジェンダー差別、外国人差別などで、戸籍制度で実害が出ている人は少なくありません。そもそも婚姻で氏の変更が必要な時点で、女性は全員実害を被っているとも言えます。詳しく知りたい方は、養父知美弁護士の書籍『戸籍・国籍と子どもの人権』（※55）が分かりやすいので、ぜひ読んでみてください。

※55　大田季子、谷合佳代子、養父知美（1994）『戸籍・国籍と子どもの人権』明石書店　10頁

第五章

加害親と絶縁して独り立ちする

（一）DV等支援措置は、新旧二つの自治体で連携してかけてもらう

図2（※56）

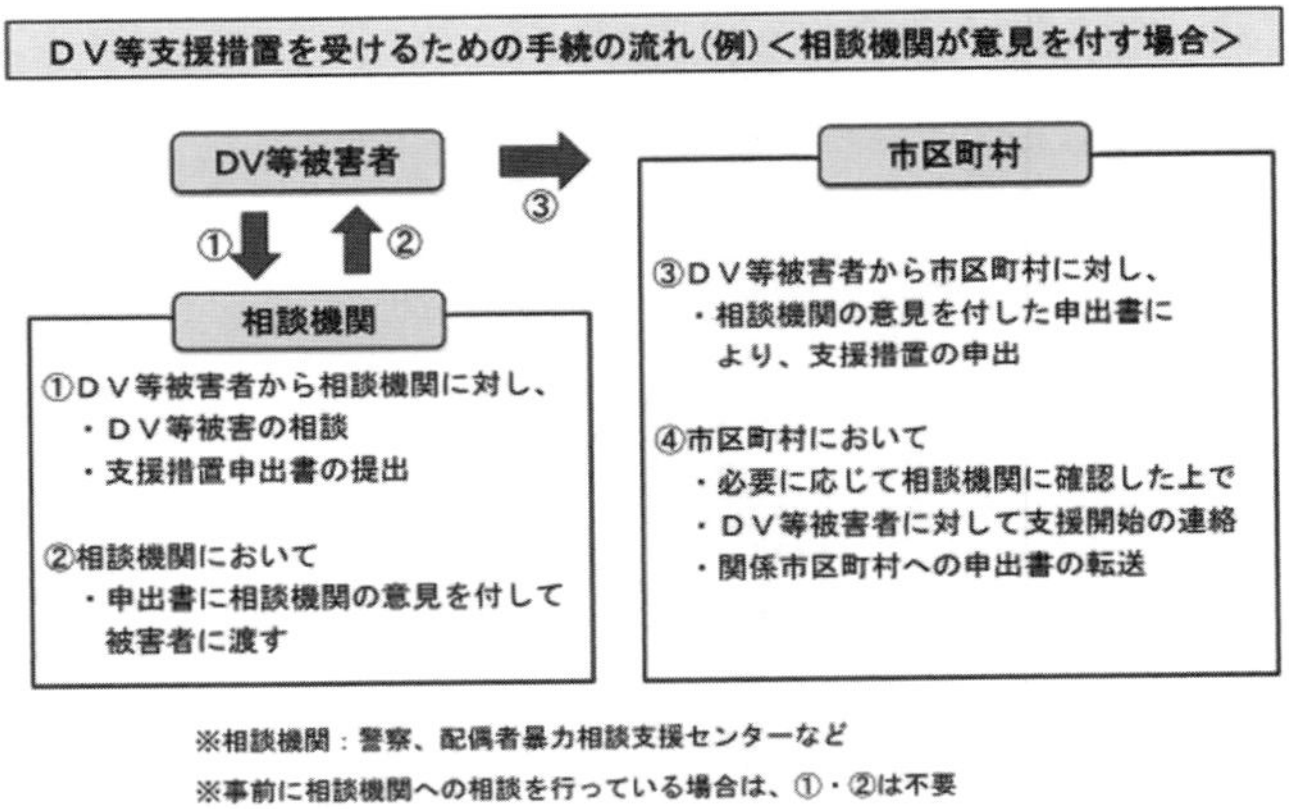

DV等支援措置を受けるための手続の流れ（例）＜相談機関が意見を付す場合＞
DV等被害者
①
②
③
市区町村
相談機関
①DV等被害者から相談機関に対し、
・DV等被害の相談
・支援措置申出書の提出
②相談機関において
・申出書に相談機関の意見を付して被害者に渡す
③DV等被害者から市区町村に対し、
・相談機関の意見を付した申出書により、支援措置の申出
④市区町村において
・必要に応じて相談機関に確認した上で
・DV等被害者に対して支援開始の連絡
・関係市区町村への申出書の転送
※相談機関：警察、配偶者暴力相談支援センターなど
※事前に相談機関への相談を行っている場合は、①・②は不要

それではいよいよ、加害親と物理的に距離を置く手順について書いていきます。

本章からは、DV等支援措置や関連する制度について説明していきます。第三章で紹介したシェルターはいずれ出て行かなければなりませんし、住民票を移さない場合は、自主的に日常生活に気をつける以外にできることはほとんどないためです。未成年の虐待被害者の方も、ゆくゆくは経済的に独立して、分籍して親から離れることが現実的です。

DV等支援措置の申請の流れ自体はシンプルで、

1. 役所で必要書類をもらう。
2. 記入して警察で面談を受ける。

これだけです。自治体によって多少の差はありますが、警察の面談を受けることは変わりません。

この短い流れの中で、あなたが被害者だと認め

てもらう必要があります。
図2（※56）は総務省が公開しているＤＶ等支援措置の申請手続きの流れですが、少し分かりづらいので、やるべきことを時系列に解説していきます。

①支援機関へ相談する

まずは役所へ行く前に、三章で紹介した支援機関などに相談しておきましょう。というのも、いきなり役所へ行って「私は虐待被害者です」と訴えても、ほぼ間違いなく、警察や配偶者暴力相談支援センターへ行くように勧められるからです。これは役所が冷たいのではなくて、ＤＶ等支援措置の実施にあたって、市区町村は専門機関の意見を参照しなければならないという規定があるためです。最終的に支援を決定するのは役所の職員ですが、その過程においては、市区町村は第三者の意見を聞かなければなりません。したがって、被害当事者の方はあらかじめ証拠を集めて、警察などに相談しておき、その相談録を残しておいたほうがスムーズです。

ちなみに、第三者機関に相談すればどこでもいいという訳ではありません。

私がＤＶ等支援措置を申請したときは、事前に弁護士に相談してあったのですが、役所の担当職員の方からは「弁護士へ相談しただけでは（支援措置を受けるには）足りない」といったニュアンスの説明を受けました。一方で、同じ被害内容でも警察の生活安全課へ相談に行ったときにはスッと話が通ったため、総務省と男女共同参画局が紹介している相談機関（具体的には警察、配偶者暴力相談支援センター、児童相談所）のいずれかは、ＤＶ等支援措置の申請という観点では頼っておいたほうがよさそうです。

もっとも、私のケースを振り返ってみると、警察へ行った際には結局、弁護士に相談していた内容をそのまま繰り返して伝えただけで、それが役に立ったので、一概に「どこがいい」と言えるものではないとも思います。

ＤＶ等支援措置を申請することは目的ではなくて、虐待被害から逃れて自由に生きるための一手段に過ぎません。

ＤＶや虐待・ストーカーに苦しめられているときは、できるだけ自分一人の殻にこもらず、多くの専門家に相談しておくことが、自身の将来を助ける布石となります。参考になるか分かりませんが、私のときは「三千万で家を買い取れ」然《しか》り、父からの恐喝まがいのことがあまりにも多かったので、最初は知り合いの税理士に相談したのがきっかけでした。そこから弁護士を紹介してもらって、弁護士の指示で証拠を集める過程で、卒業した高校の恩師や友人にも助けてもらいました。警察を頼るきっかけになったのも不思議な縁で、虐待ではなくて交通事故に巻きこまれたことでした。交通安全課の方に怪我《けが》や事故の状況を聞いてもらっているときに、ふと思い出して、父親にこういうことをされているのだけれどどうすればよいかと尋ねたら、生活安全課の方に繋《つな》げてもらえました。そして今があります。

当時は虐待の知識が全くなかったので、時間的にも経済的にも遠回りをしてしまいましたが、大勢の人を頼ることで、なんとか生きのびることができました。

あなたはぜひ、本書でご紹介した公的機関を活用してください。

②引っ越し準備

公的機関へ相談したら、次にすべきことは引っ越し準備です。

ＤＶ等支援措置は、一度認可が下りれば次の避難先を知られずに済むため、現住所の自治体でかけてしまう方もいるのですが、あまりおすすめできません。

特に実家暮らしの場合、支援措置決定通知書は基本的に自宅に届くため、あなたが逃げようとしていることが加害者に気づかれてしまう可能性があります（事情を話せば役所で対面受取もできると思いますが、自治体によって少しずつ運用が異なるので注意が必要です）。また、すでに一人暮らしをしている場合も、加害親が何かの折にあなたの住民票などを申請すれば、不交付となって、あなたが親を「加害者」に指定したことがばれます。したがって、ＤＶ等支援措置を申請するならば、後腐れがないように引っ越しと同時に行うのが現実的です。引っ越し後ならば、加害者が措置に気づいてもあなたの居場所はもう分からないからです。

まずは引っ越し先を決めてしまいましょう。新居の探し方などについては、第四章をご参照ください（ＤＶ等支援措置に関連する部分では、更新通知制度の有無を調べておきましょう）。

③現住所の市区町村役場で事情を説明する

引っ越し先を決めたら、今お住まいの市区町村役場へ行き、ＤＶ等支援措置を利用して引っ越したいことを伝えます。

このとき、被害の証拠と、①で用意した相談録を忘れずに持参してください。

担当職員の方から「どこかに相談しましたか？」と聞かれるはずなので、専門機関――警察・配偶者暴力相談支援センター・児童相談所など――に相談した事実と、相談日時、対応してくれた職員の氏名、そして連絡先を伝えましょう。

ＤＶ等支援措置の申請手続きは転居先の自治体で行うことになるのですが、転居前と転居後、二つの自治体間で緊密に連携して動いてもらうことが必要です。ちょっとややこしいのですが、まずは現住所の自治体で事情を説明して、支援措置が「決定」したら、その手続きを転居先の自治体で行うという流れです。転居前の「決定」は厳密には予定に過ぎないのですが、きちんと警察などに相談してあれば、暗に確約をもらうことができます。

私のときは、役所に引っ越しの相談をしてから数日後に、「転居先の○○市で支援措置が下りると決まりました。手続きは引っ越し後にやってもらうことになるのですが、○○市にきちんと話は通っています。安心してください」と言ってもらえました。

ただし、これまでも繰り返しお伝えしてきたとおり、ＤＶ等支援措置は、自治体や担当職員によってかなり対応に差があります。

転居先の自治体に本当にちゃんと話が通っているのか、念のため確認するようにしてください。いざ引っ越してから「支援措置の話なんて聞いてない」「認可できない」では洒落《しゃれ》にならないからです。責任の所在を明らかにするためにも、窓口で担当してくれた職員の名前と相談日時を控えておくことをおすすめします。その上で、転居先の自治体にも電話して、どういった手続きになるのか、今後の流れを二重に確認しておくとよいでしょう。

④引っ越し

ここまで準備が整ったら、ようやく引っ越しです。引っ越し方法については第四章をご参照ください。

引っ越しの際は、現住所の市区町村で転出届を、そして引っ越し先の市区町村で転入届を提出するという手続きがあるのですが、ＤＶ・虐待等の被害者は、この転出届の書き方に注意が必要です。というのも、「転出先」の欄に素直に新居を書けば、そこから加害者に知られてしまうおそれがあるためです。③で説明したとおり、この引っ越しの段階はあくまでも支援措置の「予定」であり、厳密にはまだ保護がかかっていない状態です。そのため、何かの折に除票《じょひょう》などを取得される可能性が残っています。

対策としては、転出先の欄に、新居ではない地域を書くという方法があります。たとえば、本当は北海道に引っ越すことが決まっていても、沖縄県と記入するなどです。

自治体によっては、その旨案内してくれるところもあるのですが、中には、正式な住所を書いてくださいと言う職員もいるかもしれません。

これに関しては、十中八九、ＤＶ・虐待等の被害者であると説明すれば問題ありません。万が一、難色を示された場合はスルーで大丈夫です。というのも、「転出先」に記載するのはあくまでも引っ越しの予定地であり、厳密に番地まで書かなければならないという決まりはないからです。ＤＶ・虐待被害者に限らず、最初は北海道に引っ越すつもりだったのでそう記入したけれど、急な異動があり沖縄県に引っ越した、などのケースもあります。この場合も、転入後に正式な住所を届け出れば問題ありません（転入届の注意点に関しては⑦で後述します）。

転出届は引っ越しの十四日前から出すことができます。引っ越し後に加害者に鉢合わせないためにも、旧居の市区町村で必要な手続きは、できる限り引っ越し前に全て済ませてしまうのがよいでしょう。

⑤転居先の市区町村役場で、ＤＶ等支援措置の申請用紙をもらう

あなたが新しい市区町村役場へ行くときには、もう職員の方に話が伝わっているはずです。万が一伝わっていないときは、③で担当した職員の名前と相談日時を伝えて、確認してもらいましょう。

ここで改めて、ＤＶ等支援措置の申請用紙をもらいます。記入方法などは窓口で教えてもらえるので安心してください。閲覧制限をかける書類の選択に関しては、かけられるもの全てに制限をかけてください。

書類を記入し終えたら、次は管轄の警察署へ持参します。この辺りの流れは、地域によって多少異なるので各地でご確認ください。警察署で書類をもらうケースなどもあります。

なお、どこの警察署に行くかに関しては、必ずしも新居の最寄りの警察署とは限りません。地方などは、市内ではなく隣町の警察署が管轄ということもあります。無駄足になってしまわないためにも、あらかじめ、自分の担当となる警察署はどこなのか、役所で聞いておくとよいでしょう。

⑥管轄の警察署の生活安全課へ

交番は二十四時間営業ですが、警察署は窓口の受付時間が決まっています。また、受付時間は平日八時三十分から十六時三十分までのところが多いですが、急に行くと担当者が不在のこともあります。事前に電話して、アポイントを取ってから行くのが確実です。

警察へ行くと思うと緊張するかもしれませんが、警察の仕事は人々の安全を守ることです。大丈夫です。入口はごく一般的な建築物のエントランスですし恐くないです。

受付窓口では、ＤＶ等支援措置の書類を持ってきた旨を伝えましょう。そうすると、生活安全課へ案内してもらえます。

生活安全課に着いたら、警察官との面談になります。

面談といっても、基本的には、①の支援機関や③の市区町村役場で話してきた内容と変わらないと思ってください。被害内容を聴取されるだけです。心配な方は、警察庁ホームページの「警察へ相談に行く際には：https://www.npa.go.jp/cafe-mizen/foryou.html#soudan」を参照して、事前に話す内容や、証拠を整理しておくとよいでしょう。もし一人で話すことが不安であれば、人に付き添ってもらっても大丈夫です。

話し終えたら、最後に身分証明書と、所持している携帯やスマートフォンの番号の写真を撮られるので、こちらも準備しておきましょう。些細《ささい》なことなのですが、私は警察署に着いてから、スマートフォンの自分の番号の表示の仕方が分からなくて慌てたことがあります。まさか機種によってあんなに操作が違うとは。

聴取の内容は、そのまま市区町村役場へと伝えられます。これでDV等支援措置の申請手続きは終わりです。問題がなければ数週間で、自宅に支援措置決定通知書が届きます。

なお、こうした補足を入れなければならないことが毎回本当に歯痒《はがゆ》いのですが、大半の警察官は親切である一方で、ごく稀《まれ》に、威圧的な人もいます。酷《ひど》い対応をされた際は、都道府県の公安委員会か（※57）、警察本部の監察官室に苦情を入れましょう（※58）。

⑦引っ越し手続き完了

DV等支援措置の決定通知書が自宅に届いたら、転入届を出します。

④で説明したとおり、DV等支援措置が正式に下りる前は、除票《じょひょう》などから加害者に住所を特定される可能性がありますから、転入届の提出は、支援措置の決定通知書が手元に届くまで待ったほうが確実です。ただ転入届は、本来は十四日以内に提出しなければならない決まりがあるため、あらかじめ、遅れる旨を自治体に伝えておいたほうがよいでしょう。

なお、転出日（転出届に記入した転出予定日）から六十日を過ぎると、マイナンバーカードが使えなくなるなどの問題も出てくるので注意してください。

これで引っ越し手続きは完了です。

ここから、さらに分籍や戸籍届書のマスキング申入れ、健康保険証やマイナンバーカードの設定変更など、細々とした対策があるのですが、それについては次項から説明します。

チェックポイント

- ✔ ＤＶ等支援措置を申請するには、まずは支援機関へ相談
- ✔ ＤＶ等支援措置を申請するのは、引っ越しと同時がベスト
- ✔ ＤＶ等支援措置を申請する際は、証拠や相談録を忘れずに持参する
- ✔ 現住所と転居先の自治体で連携して、ＤＶ等支援措置を準備してもらう
- ✔ ＤＶ・虐待等の被害者は、転出届の転出先に本当の住所は書かないほうが安全
- ✔ 警察には事前にアポを取ってから、証拠や相談録を持って行くとよい
- ✔ 不安ならば、人に付き添ってもらっても大丈夫
- ✔ 警察へのクレームは、都道府県の公安委員会か警察本部の監察官室へ
- ✔ ＤＶ等支援措置の決定通知書が届いてから、転入届を出す
- ✔ 転入届の提出が十四日以内に間に合いそうにないときは、自治体に伝えておく
- ✔ 自治体によって、多少流れが変わることもあるので確認を

※56　総務省「配偶者からの暴力（ＤＶ）、ストーカー行為等、児童虐待及びこれらに準ずる行為の被害者の方は、申出によって、住民票の写し等の交付等を制限できます。」
https://www.soumu.go.jp/main_sosiki/jichi_gyousei/daityo/dv_shien.html

※57　佐々木保博「何もしてくれない！　警察への苦情はどこに申し出ればいいのか？」幻冬舎ＧＯＬＤ　ＯＮＬＩＮＥ、二〇二〇年三月三日　https://gentosha-go.com/articles/-/25123

※58　ラジオライフ.com「警察への苦情申し立ては監察官室が効果的だった」
https://radiolife.com/security/police/22597/

（二）分籍はしたほうが安全

支援措置決定通知書が届いたら、次は分籍です。

分籍とは、親の戸籍から抜けて、自分が戸籍筆頭者となり自分だけの新しい戸籍を作れる制度です。第三章でも触れたとおり、役所の職員の方や、専門ではない弁護士の中には「分籍には精神的な疎外以外メリットはない」「分籍まではしなくてよい」という方もいますが、正しくないので無視してください。詳細はコラム③（八十四頁）に記載しています。

以下は分籍のやり方です。まずは条件と、必要なものを見ていきます。

【分籍できる条件】

□　旧戸籍の筆頭者または配偶者以外（分籍するのが子本人であること）

□　成人していること

【分籍に必要なもの】

□　分籍届　……全国どこの市区町村でも入手可能

□　戸籍謄本　……本籍地の役場で手続きする場合は不要

□　身分証明書　……運転免許証、パスポート、マイナンバーカードなど

□　DV等支援措置決定通知書　……なくても分籍だけならばできますが、後述の**マスキング申入れに必要**なので、必ず持参しましょう。

□　印鑑　……念のため。二〇二一年九月一日より戸籍届書への押印義務は廃止されて、現在は任意となっています。

【分籍できる場所】

□　届出人の所在地の市区町村役場　……所在地とは住所地、居住地、一時的な滞在地、旅行地などです。

□　本籍地の市区町村役場

□　新本籍地の市区町村役場

基本的には、必要なものを揃《そろ》えて書類に記入して提出するだけで、即日分籍できます。早ければ三十分くらいで終わります。詳しいやり方は窓口で説明してもらえるので心配ありません。分籍すると、新しい本籍地を自分で決めることができます。日本全国どこでも好きな場所を選べるのですが、新住所に関係のある場所や、職場の近く、出張でよく行く場所などは、安全のために避けたほうが無難です。

なお、分籍は郵送でも受け付けていますが、ＤＶ等支援措置利用者は同時にマスキング申入れも済ませたほうがよいので、役所へ行って手続きすることをおすすめします。マスキング申入れについては次項で後述します。

チェックポイント

- ✔ 成人していれば分籍できる
- ✔ 新本籍地は、新居とは関係ない場所にする。よく行く場所なども避ける
- ✔ 分籍には分籍届・戸籍謄本・身分証明書が必要
- ✔ 分籍と同時にマスキング申入れをする。ＤＶ等支援措置決定通知書を忘れずに

（三）戸籍届書のマスキング申入れ。支援措置との併用のすすめ

ＤＶ等支援措置の利用者は、「マスキング申入れ」という手続きをすることで、戸籍届書の連絡先をマスキング（加害者に閲覧されないように黒く塗りつぶすなど）することができます。

これはＤＶ等支援措置とは別の制度で、申入れが必要です（※59）。

戸籍届書とは、出生届・死亡届・婚姻届・離婚届などのことで、分籍届や転籍届も含まれます。これらの書類には、あなたの住所や電話番号などの連絡先が記載されています。ですから原則として非公開なのですが、利害関係人は特別な事由があれば見ることができます。たとえば将来あなたが死亡したとき、遺族年金や死亡保険金の請求目的で、親が見るかもしれません。親に遺産を相続させたいならばともかく、そうでないならば、マスキングしておいたほうが無難でしょう。というのも、何もしなければ、あなたの死後、パートナーや子どもが親につきまとわれたり、遺族が揉《も》めたりする可能性が残ってしまうためです。そうした事態を防ぐためには、ＤＶ等支援措置の申請が通ったら、分籍と同時にマスキング申入れもしておけば安心です。私もこの制度を利用しています。

基本的には分籍と同じで、書類に記入して提出するだけで終わります。おそらくＤＶ等支援措置の利用者だと伝えれば、職員の方から分籍の際に案内があると思うのですが、万が一なかったときのために、自分でも覚えておくようにしましょう。分籍手続きのときに、同時に「マスキング申入れもお願いします」と一言添えれば大丈夫です。

なお、戸籍届書は、親以外にも配偶者・元配偶者なども閲覧することができるので、ＤＶで離婚した方なども同様の手続きが必要です。

［マスキング申入れできる条件］

□ ＤＶ等の被害者本人

［マスキング申入れに必要なもの］

□ 申入書　……全国どこの市区町村でも入手可能

□ ＤＶ等支援措置決定通知書

□ 本人確認書類　……運転免許証、パスポート、マイナンバーカードなど

［マスキング申入れできる場所］

□ 分籍する場所で同時に済ませる　……ＤＶ等支援措置決定通知書を見せて、「分籍とマスキング申入れをお願いします」と伝えればよいです

チェックポイント

✔ ＤＶ等支援措置と戸籍届書のマスキング申入れは別の制度。忘れずに手続きする

✔ 分籍のときに、「マスキング申入れもお願いします」と伝えればＯＫ

※59　宇都宮市「ＤＶ（配偶者からの暴力）・ストーカー行為等の暴力等の被害者の住民票の写しなどの交付制限」＞「戸籍届書の記載事項証明書に関する申入れについて」
https://www.city.utsunomiya.tochigi.jp/kurashi/jumin/koseki/1003516.html
■「戸籍届書の記載事項証明書に関する申入れについて」（ＰＤＦ形式）
https://www.city.utsunomiya.tochigi.jp/_res/projects/default_project/_page_/001/003/516/saisinmousire.pdf
■「申入書」（ＰＤＦ形式）
https://www.city.utsunomiya.tochigi.jp/_res/projects/default_project/_page_/001/003/516/mousimousi.pdf

（四）税業務におけるＤＶ・ストーカー等被害者支援措置の申出（「税支援」）

ＤＶ等支援措置を申請すれば、同時に税金関係の書類も保護してくれる自治体がある一方で、別途、申出が必要な自治体もあります（※60）。

ＤＶ等支援措置は、住民基本台帳などに閲覧制限をかけるものですが、この税業務におけるＤＶ等支援措置は、課税証明書などの交付を制限し保護するものです。ＤＶ等支援措置との混同を防ぐために、以降、「税支援」と記載します。

税支援は、手続きの方法が自治体ごとに異なる（手続きしなくてもよい自治体もある）ので、詳細は、市区町村役場にお問い合わせください。

チェックポイント

✔ 課税証明書など税金関係の書類の保護は、別途申出が必要な自治体もある

✔ 自治体ごとに手続きの有無や方法が異なるので、市区町村役場へ確認を

※60　京都市情報館「税業務におけるDV・ストーカー等被害者支援措置について」
https://www.city.kyoto.lg.jp/gyozai/page/0000265335.html
同ホームページ＞「申出書ダウンロード」＞「税務事務における支援措置の申出書（開始・延長・変更）」（PDF形式）　https://www.city.kyoto.lg.jp/gyozai/cmsfiles/contents/0000265/265335/moushidesyo1.pdf

（五）不動産登記簿も保護できる（新第一一九条第六項、新第一二一条）

新不動産登記法の施行は二〇二四年四月一日ですが（※61）、いくつかの自治体では先駆けて、ＤＶ等支援措置の更新の際に、すでに市区町村役場から関係書類が届くようになっています（※62）。コラム③（八十四頁）でも少し触れたのですが、これまでは持ち家などの不動産の売買の際に、不動産登記簿や登記事項証明書から、加害者に現住所を把握されるリスクがありました。不動産登記簿というのは、誰でも取得できるものだからです。

そのことを被害当事者が知っていて、法務局に事情を説明して、ＤＶ等支援措置の決定通知書を証拠として見せるなど自助努力を重ねれば、現行法においても、現住所ではなく前住所を記載するなどの措置が取られています（※63）。しかしそれは実務の運用であり、残念ながら法制化まではされていなかったため、一人一人が自分で気をつけて、自己申告で頑張るしかありませんでした。

それが二〇二四年以降は、変わります。

新法においては、法務局の側から、所有権の登記名義人に変更登記をすることについて、あらかじめ確認が行われるようになります。今までは原則として現住所を記載しなければならなかった箇所《かしょ》も、ＤＶや虐待・ストーカーなどの被害者は、委任弁護士や支援団体、法務局の住所などを記載できるようになります。そして登記簿の附属《ふぞく》書類の閲覧も、「正当な理由」がなければ閲覧不可の扱いとなります（ちなみにこの附属書類に関する新第一二一条だけは、一足早く、二〇二三年四月一日に施行されました。嬉しいですね。※61）。

実際の運用などについてはまだ不明点も多いので、今後を楽しみに目を光らせていきましょう。

何かが始まる直後は不備も多いですから、心あたりのある方は、意識的に確認を増やしていきましょう。たとえば、市区町村役場でＤＶ等支援措置を申請する際に、「不動産登記簿の閲覧制限はありますか？」と尋ねるだけでも、記入漏《も》れやヒューマンエラーを防ぐことができます。自治体の新体制への移行を早めることもできます。

チェックポイント

✔ 不動産登記簿や登記事項証明書、附属書類も、新法で守られる

✔ 現行法においても、自助努力で保護が可能（詳細は市区町村の法務局へ）

※61 法務省「所有者不明土地の解消に向けた民事基本法制の見直し（民法・不動産登記法等一部改正法・相続土地国庫帰属法）」 https://www.moj.go.jp/MINJI/minji05_00343.html
同ホームページ＞「新制度の概要・ポイント」＞「◎両法律の詳しいポイントについては、こちらで紹介しています」＞「令和3年民法・不動産登記法改正、相続土地国庫帰属法のポイント（全体版）」

■「令和3年民法・不動産登記法改正、相続土地国庫帰属法のポイント（全体版）」（ＰＤＦ形式）
https://www.moj.go.jp/content/001396635.pdf

■「不動産登記法改正関係（抜粋）」（ＰＤＦ形式） https://www.moj.go.jp/content/001396636.pdf

※62 「【総務省】ドメスティック・バイオレンス、ストーカー行為等、児童虐待及びこれらに準ずる行為の被害者の保護のための措置に係る支援措置申出書の様式の変更と留意点について」（ＰＤＦ形式）

https://www.cao.go.jp/bunken-suishin/teianbosyu/doc/r03/tb_r3fu_07mic_111.pdf

※63　司法書士法人いわさき総合事務所「【不動産登記】ＤＶ等被害者の住所と登記の諸問題」
https://www.souzoku-i.com/topics/%e3%80%90%e4%b8%8d%e5%8b%95%e7%94%a3%e7%99%bb%e8%a8%98%e3%80%91%ef%bd%84%ef%bd%96%e7%ad%89%e8%a2%ab%e5%ae%b3%e8%80%85%e3%81%ae%e7%89%b9%e4%be%8b%e3%81%ab%e3%81%a4%e3%81%84%e3%81%a6%e2%91%a0%e3%80%80/

（六）新しい健康保険証をつくる。医療費通知情報等の設定変更

……そろそろ手続きが多くて嫌になっていませんか？　一括で終わるシステムがあればいいのにと、実のところ、私もずっと思いながら生きてきました。マイナンバーカードが登場したときは、もしかしてこれでＤＶ・虐待関係の手続きも楽になるのかしらと少し期待したのですが、残念ながら、現実は真逆の方向に進んでいます。せめて本書では、一冊読めば必要な手続きを完了できるように網羅していきます。

健康保険証についても確認しておきましょう。

以前は医療費通知にだけ気をつけていればよかったのですが、二〇二一年十月にオンライン資格確認システム（※64）の本格運用が開始されたことや、マイナンバーカードの保険証利用・一体化が進んでいることにより、大きく状況が変わっています。今までよりも遥《はる》かに

注意しなければならないことが増えました。

　まず、病院や薬局などの医療機関が、オンライン上であなたの健康保険情報を確認できるようになりました（※65・66）。加害者が医療従事者の方は警戒が必要です。

　また、マイナンバーカード（マイナポータル）の利用者も、オンライン上で、医療費通知情報（利用した医療機関や日時などの履歴）、薬剤情報（服用している薬の処方について）、特定健診情報（身長、体重、血圧、血中脂質など）の情報が閲覧可能となりました（※67）。これらは、本人が確認するぶんには問題ないのですが、DV・虐待被害においては、加害者が「代理人」（※68）となって閲覧するリスクが懸念されます。詳細は次項の「マイナンバーカード」でも説明しますが、とりわけ被扶養者の方、未成年者の方は特別な注意が必要です。もちろんそれ以外の方も、マイナポータルを筆頭に、保険証をめぐる状況は目まぐるしく変わっていますから、ご自身の加入している健康保険が安全かどうか、分からない方は念のため問い合わせるようにしてください。

　まずは健康保険証の発行元（健康保険組合、全国健康保険協会、市区町村など）や、マイナンバー総合フリーダイヤル「０１２０−９５−０１７８」に電話して、ＤＶ等支援措置を受けている事情を説明し、ご自身の保険証がどういう状況になっているのか確認するのが確実です（※66）。その上で、必要に応じて加害者に個人情報を閲覧されないための届出を行ってください。

　この届出はＤＶ等支援措置とは別の手続きです。マスキング申入れや税支援と同様、必要な方は、忘れずに別途行わなければなりません。詳細はご自身の健康保険窓口にお問い合わせいただければと思いますが、基本的に国民健康保険・後期高齢者医療制度の加入者以外は、全員、届出が必要なはずです（※66）。

なお、届出をすると、マイナンバー関連の以下の機能が使えなくなります。

［届出をすると使えなくなる機能］
・マイナンバーカードの健康保険証としての利用
・ご自身の健康保険情報、医療費通知・薬剤情報、特定健診情報などのマイナポータルでの閲覧

DV・虐待被害者が機能の大半を使えないシステムというのは、国の制度としてはおかしな設計だと私は思うのですが、現状、リスクを考慮すると届出せざるをえないのが実情です。また、紙の保険証は受診料が値上げされています（※69）。マイナ保険証を使えないDV・虐待被害者は、通常よりも多くの医療費を払わなければならないということです。さらに、この原稿の執筆中に、いずれは紙の保険証も廃止されて、「資格確認書」の発行が必要になるという発表がありました（※70）。期限はたった一年で、更新が必要だそうです。現時点ではこれ以上の委細は不明ですが（二〇二三年三月現在）、それも含めて、まずはお住まいの市区町村役場や各種健康保険窓口に最新情報をお問い合わせください。問い合わせの際は必ず、

DV等支援措置者であることを伝えて、必要な手続きを確認しましょう。

被扶養者の方などで、加害者の扶養を抜けたい方は、健康保険の種類や加入方法なども、市区町村役場や、各種健康保険の窓口でご確認いただけます。個人的には、これを機に新しい保険証を作ることをおすすめします。国民健康保険であれば、保険料の減免や猶予などの制度もあります。ぜひ、役場に問い合わせてみてください。

チェックポイント

✔ 健康保険証は、届出をしなければ加害者に通院履歴などを閲覧されるリスクがある

✔ 届出をすると、マイナンバーカードの健康保険証としての利用はできない

✔ 将来的には「資格確認書」が必要になる（※二〇二三年二月現在）

✔ 健康保険証の種類や加入方法・必要な手続きは、市区町村役場や各種健康保険窓口で確認

※64　厚生労働省「オンライン資格確認の導入について（医療機関・薬局、システムベンダ向け）」
https://www.mhlw.go.jp/stf/newpage_08280.html

※65　厚生労働省「オンライン資格確認の導入について（医療機関・薬局、システムベンダ向け）」＞「〜オンライ

ン資格確認導入に関する資料〜」＞「概要を知りたい方はこちら」＞「健康保険証の資格確認がオンラインで可能となります（医療機関・薬局向け）（２０２３年４月14日更新）」（ＰＤＦ形式）
https://www.mhlw.go.jp/content/10200000/001085572.pdf

※66　いわき市「ＤＶ・虐待被害者の方へ健康保険に関するお知らせ」
https://www.city.iwaki.lg.jp/www/contents/1641527707425/index.html

※67　デジタル庁＞「マイナポータル」＞「最近の取組」＞「ＵＩ・ＵＸ改善や機能の提供」
https://www.digital.go.jp/policies/myna_portal/
■「マイナポータルの機能追加（薬剤情報、特定健診情報、後期高齢者健診情報の確認・取得）について（２０２１年10月）」（ＰＤＦ形式）　https://www.digital.go.jp/assets/contents/node/basic_page/field_ref_resources/3f69f2c6-c344-4db8-9ce0-1c9561b2339f/20211126_myna_portal_01.pdf
■「マイナポータルの機能追加（医療費通知情報の確認・取得）について（２０２１年11月）」（ＰＤＦ形式）
https://www.digital.go.jp/assets/contents/node/basic_page/field_ref_resources/3f69f2c6-c344-4db8-9ce0-1c9561b2339f/20211126_myna_portal_02.pdf

※68　マイナポータル＞「『代理人・委任者』内のよくあるご質問」＞「Ｑ　代理人の登録は何人まで可能ですか？」　https://faq.myna.go.jp/faq/show/2767?back=front%2Fcategory%3Asearch&category_id=3&commit=&keyword=100%E4%BA%BA&page=1&site_domain=default&site_id=1&sort=sort_keyword&sort_order=desc

※69　「従来の保険証、窓口負担６円上乗せ『マイナ』普及巡り」日本経済新聞、二〇二二年十二月二十三日
https://www.nikkei.com/article/DGXZQOUA2322U0T21C22A2000000/

※70　「マイナ保険証無い人の『資格確認書』有効期間は1年」日本経済新聞、二〇二三年二月十六日 https://www.nikkei.com/article/DGXZQOUA16A0W0W3A210C2000000/

（七）マイナンバーカードの「代理人」解除。個人番号指定請求について

マイナンバーカードは、保険証以外にも、母子手帳（※71）、年金手帳（※72）、図書館カード（※73）、Ｓｕｉｃａなど交通系ＩＣカード（※74）、その他民間企業の社員証（※75）、学生証（※76）、運転免許証（※77）、スマートフォンへのカード機能搭載（※78）、顔認証（※79）、ＳＮＳの利用条件（※80）など、あらゆる個人情報への紐付《ひもづ》けや、紐付け検討が続いています。その一つ一つの安全性について被害者が確認しつづけるのは大変なことです。保険証のように「届出」で加害者の閲覧を防げるものはまだいいのですが、こうも目まぐるしく情勢が変わっていては、リスクが全く予測できないシステムが増えていくことも視野に入れざるをえません。政府の方針はこの一年だけでもころころと変わっていますし、その間にも不正アクセスなどで漏洩《ろうえい》事故は起こり続けていますから（※81）、マイナンバーカードを作らないで済むうちは、作らないことが安全策と言えます。

しかしながら、「マイナンバーカードを持っていないから大丈夫」かというと、そうでもないのがこの制度の恐いところです。

十五歳未満のマイナンバーカードの申請は、親が行えるからです（※82）。

自分はマイナンバーカードを持っていないと思っていても、マイナンバーカードの交付が始まった平成二十八年一月（二〇一六年一月）時点で十五歳未満だった方は、子どもの頃に親が代理申請し、あなたのマイナンバーカードを取得し、マイナポータルも登録している可能性があります。該当される方――と書きながら暗澹《あんたん》とした気持ちになりますね、これから生まれてくる子どもたちは全員です――は、自分でカードを申請した心あたりがなくても、十五歳の誕生日を迎えたら、市区町村役場へマイナンバーカードの発行の有無から確認したほうがよいでしょう。

役所に確認手続きを行い、マイナンバーカードが発行されていなければまずは安心できます。万が一発行されていた際は、次にすべきことはマイナポータルの「代理人」の確認・解除です。

マイナポータルとは、行政手続きのオンライン窓口で、簡単にいうと、マイナンバーカードを持っている人の会員情報サイトのようなものです。

そしてマイナポータルの「代理人」とは、あなたの代わりにこのマイナポータルを操作して、あなたの個人情報を閲覧できる人のことです。この「代理人」は、最大百人まで登録することができて（※68・百七十一頁）、その全員が、あなたの医療費通知情報などを閲覧できます。百人全員が、行政機関から住民票などを取得することもできます。

百人全員が、外部サイトにあなたの情報を提供することもできます（※83）。

要するに、最大百人＋外部サイトに、あなたの身長や体重、通っている病院、現住所、年収、銀行口座などが漏洩《ろうえい》しかねないということです。

代理人が閲覧・取得できる情報の種類は、あまりにも多岐に亘《わた》ります。知らなかったという方は、マイナポータルの「特定個人情報等の項目一覧」（※84）から全て確認できますので、自衛のために一度、見ておいたほうがよいかと思います。こちらはログインしなくても確認することができる情報です。たとえマイナポータルを利用しないとしても、これが「ふつう」の世の中になっていっていいのかを、私たちは慎重に考える必要があります。

なお、インターネットを閲覧できない人もいるかもしれないので、念のため概要を書き出しますが、これらは二〇二三年二月現在の情報です。今後、紐付《ひもづ》けされる個人情報はさらに増えていく可能性があります。本書の執筆期間だけでも信じられない速度で状況が変わっているので、発売時にはきっとまた何かが変わっていると思っています。

最新情報は、マイナポータルや、マイナンバーカード総合サイト、マイナンバー総合フリーダイヤル「０１２０－９５－０１７８」などで確認してください。

マイナポータルの代理人が閲覧・取得できる情報（二〇二三年五月一日現在）

［健康・医療］

□ 予防接種情報： 四種混合（ＤＰＴ－ＩＰＶ）、三種混合（ＤＰＴ）、二種混合（ＤＴ）、不活化ポリオ、麻しん風しん混合（ＭＲ）、麻しん、風しん、日本脳炎、Ｂ

CG、Hib、小児肺炎球菌、ヒトパピローマウイルス（2価）、ヒトパピローマウイルス（4価）、水痘、B型肝炎、高齢者肺炎球菌、ロタウイルス（1価）、ロタウイルス（5価）、新型コロナウイルス

□　健診情報：　肺がん検診、乳がん検診、胃がん健診、子宮頸がん検診、大腸がん健診、肝炎ウイルス健診、骨粗鬆症健診、歯周疾患健診（全て一次・精密両方）

□　医療保険：　医療保険資格・給付情報

□　医療保険その他：　医療保険資格・給付情報（国民健康保険・障害者自立支援・障害児通所医療費・障害児入所医療費・雇用保険の傷病手当認定手続・船員保険の給付手続・介護保険の支給・精神障害者の入院費用算定・感染症患者に対する特定医療費・予防接種健康被害に対する支給、奨学金の申請・小児慢性特定疾病医療費・難病患者に対する特定医療費の他の給付との調整など）、地方公務員災害等の給付情報、後期高齢者医療保険等の給付情報、船員保険等の給付情報など

□　学校保健：　学校病治療に係る医療費援助情報

□　難病患者支援：　難病患者に対する特定医療費の支給情報

□　保険証の被保険者番号等

【税・所得・口座情報】

□　所得・個人住民税情報

□ 公金受取口座：銀行名、支店名、口座番号、および口座名義カナなどの公金受取口座の情報

［年金関係］

□ 年金：国民年金・被用者年金の給付・保険料徴収の情報

□ 年金その他：児童扶養手当公的年金給付情報、特別児童扶養手当障害手当支給情報、国民年金・障害者手当の給付記録情報、国民年金・被用者年金の給付記録情報、障害を支給事由とする給付情報、障害基礎年金給付情報、特別障害給付金情報、障害年金情報（特別児童扶養手当関係）、年金生活者支援給付情報

［子ども・子育て］

□ 児童手当支給情報

□ ひとり親家庭：児童扶養手当の支給情報、ひとり親家庭への自立支援金給付情報、母子生活支援保護情報、ひとり親家庭への資金貸付情報

□ 母子保健：養育医療費の給付情報、妊娠届出情報、妊産婦・乳児・幼児の健康診断情報

□ 教育・就学支援：特別支援学校就学に必要な経費情報

□ 障害児支援・小児慢性特定疾病医療：小児慢性特定疾病医療費・障害児入所給

付費支給情報、障害児入所支援・小児慢性特定疾病医療等情報、障害児通所支援給付情報、障害児入所支援・措置情報、障害児入所支援・措置、生活援助情報、特別児童扶養手当の支給情報、障害児福祉手当・特別障害者手当の支給情報

［世帯情報］

□　住民票関係情報

［福祉・介護］

□　障害保健福祉：障害者自立支援に関する給付情報、障害者の療養介護・施設入所支援に関する情報、身体障害者手帳・精神障害者保健福祉手帳・療育手帳情報

□　生活保護情報

□　中国残留邦人等支援：中国残留邦人等支援給付支給情報、中国残留邦人等自立支援給付情報

□　介護・高齢者福祉：介護保険資格・給付情報

［雇用保険・労災］

□　雇用保険：雇用保険資格・給付情報、教育訓練給付金の給付情報、雇用保険手当・高年齢雇用継続給付情報、職業訓練受講給付金の給付情報、職業転換給付金

の支給（都道府県知事が行うものに限る）に関する情報

□　労災補償‥　労働者災害補償給付情報、地方公務員災害補償法被災情報

これらは、重ね重ね、本人が閲覧するぶんには問題ないですが、本人のあずかり知らぬところで勝手に取得されたり、外部サイトに提供されたりするとなれば、あまりにもリスクが膨大すぎる情報です。正直、ＤＶ・虐待被害者でなくとも、ここまで生々しい「人生」の全てを、親や他人に見られるというのは、一般的に嫌なのではないか……とも考えこんでしまいます。

ただ、代理人システムは、障害のある方などマイナポータルの操作が難しい人には、便利な機能であることは間違いありません。

一方で、知的障害の方や認知症の方などは、悪用されても確認するすべがありませんし、ＤＶ・虐待等の被害者にとっては、ありとあらゆるつきまといの要因となりかねません。したがって被害当事者の方は、覚えがなくても念のため、加害者が「代理人」となっていないか確認し、必要に応じて解除したほうがよいでしょう。

個人番号指定請求について

たとえ「代理人」を解除しても、加害者にマイナンバーを知られていること自体が恐い・避難した際に加害者のいる旧居にカードを置き忘れてしまったなどの場合は、市区町村役場

に相談すれば、個人番号指定請求という手続きで、新しい番号を発行してもらえる可能性があります（※85・86）。

これはマイナンバーカードではなく、マイナンバーそのものを変えてしまうという措置で、よほどのことがなければ認められませんが、DV・虐待・ストーカーなどの被害者は、相談してみる価値が充分にあります（※87）。

その際、手続きの条件と必要な物は以下のとおりです。

［個人番号指定請求できる条件］

□　十五歳以上の本人であること

□　十五歳未満の場合、法定代理人（親権者・成年後見人等）に手続きしてもらうか、それ以外の任意代理人に、委任状を書いて手続きしてもらう必要があります。誰が手続きするかで必要書類も異なります。

［個人番号指定請求に必要なもの・本人が手続きする場合］

□　個人番号指定請求書　……全国の市区町村役場で入手可能

□　マイナンバーカード　……手元にあれば。紛失した場合は不要

□　マイナンバーが不正に用いられるおそれがあることを証明する書類　……警察署への遺失届の受理番号の控え・DV等支援措置決定通知書など

□　届出人の本人確認書類　……官公署発行の顔写真付証明（A）なら1点、顔写真のないもの（B）ならば2点。

（A）1点の用意で済む「顔写真あり」の書類

マイナンバーカード（個人番号カード）、住民基本台帳カード（写真付きのものに限る）、パスポート、運転免許証、運転経歴証明書（平成二十四年四月一日以後に交付されたものに限る）、身体障害者手帳、療育手帳、精神障害者保健福祉手帳、在留カード、特別永住者証明書、一時庇護許可書、仮滞在許可書、海技免状、電気工事士免状、無線従事者免許証、動力車操縦者運転免許証、運航管理者技能検定合格証明書、猟銃・空気銃所持許可証、特種電気工事資格者認定証、認定電気工事従事者認定証、耐空検査員の証、航空従事者技能証明書、宅地建物取引士証、船員手帳、戦傷病者手帳、教習資格認定証、検定合格証、官公署がその職員に対して発行した身分証明書など

（B）2点用意が必要な「顔写真なし」の書類

（A）の書類が更新中の場合に交付される仮証明書や引換証類、地方公共団体が交付する敬老手帳、生活保護受給者証、健康保険の被保険者証、医療受給者証、各種年金証書、児童扶養手当証書、特別児童扶養手当証書等、本人名義の預金通帳、民間企業の社員証、学生証、学校名が記載された各種書

類など

【個人番号指定請求に必要なもの・法定代理人が手続きする場合】

□ 個人番号指定請求書　……全国の市区町村役場で入手可能
□ 十五歳未満の請求者のマイナンバーカード　……紛失した場合は不要
□ マイナンバーが不正に用いられるおそれがあることを証明する書類　……警察署への遺失届の受理番号の控え・DV等支援措置決定通知書など
□ 十五歳未満の請求者の本人確認書類　……官公署発行の顔写真付証明なら一点、顔写真のないものなら二点
□ 法定代理人の本人確認書類　……官公署発行の顔写真付証明なら一点、顔写真のないものなら二点
□ 戸籍謄本、登記事項証明書など法定代理人の資格を証明する書類　……発行から三ヶ月以内のもの。なお、市区町村内に本籍がある場合か、住民票で請求者と代理人との親子関係が確認できる場合は不要

【個人番号指定請求に必要なもの・任意代理人が手続きする場合】

□ 個人番号指定請求書　……全国の市区町村役場で入手可能
□ 十五歳未満の請求者のマイナンバーカード　……紛失した場合は不要

□マイナンバーが不正に用いられるおそれがあることを証明する書類　……警察署への遺失届の受理番号の控え・DV等支援措置決定通知書など

□十五歳未満の請求者の本人確認書類　……官公署発行の顔写真付証明なら一点、顔写真のないものなら二点

□任意代理人の本人確認書類　……官公署発行の顔写真付証明なら一点、顔写真のないものなら二点必要

□個人番号指定請求委任状　……市区町村役場で様式を用意しているところが多いので、まずは窓口に問い合わせてみてください。もしなかった場合も、一般的な委任状の書式で作成すれば問題ありません。参考までに、厚木市の委任状フォーマット（PDF形式）を載せておきます。お住まいの自治体で用意がない方は、こちらを真似てWordやExcelなどで作ればよいです。

■厚木市「マイナンバー（個人番号）変更手続きについて」＞「委任状」
https://www.city.atsugi.kanagawa.jp/material/files/group/20/ininjyo_67683852.pdf

自治体によっては、自宅で紛失した場合などは遺失届などを不要としていたり、また代理人が申請する場合、十五歳未満の本人確認書類は不要としている場所もあります（※86）。DV等支援措置の決定通知書に関しても、事情さえ説明すれば必要ないとする自治体もあります。現場によって必要書類や運用が少しずつ異なるので、まずはお住まいの市区町村役場に

相談してみてください。

マイナンバーそのものを変更してしまえば、被虐待当事者がマイナンバーカードを健康保険証として利用することも、原理的には可能です。

ただ、これまで書いてきたとおり、マイナンバー制度は、あらゆるリスクや差別を内包したシステムであることをどうか忘れないでください。

最後に補足というか、よくある誤解として、「自営業者は確定申告にマイナンバーカードが必須」「NISA口座を作るのにマイナンバーカードが必須」といったものがあるのですが、今のところ、これらは間違いです（二〇二三年三月現在）。必要なのはマイナンバー（個人番号）だけで、カードは作らなくても支障はありません。たとえば、マイナンバーの通知カード、個人番号が記載された住民票の写し＋身分証明書（運転免許証など）で代用できることが多いです。

ただ、岸田内閣の河野太郎デジタル相は、運転免許証もマイナンバーカードとの一体化を検討していると発言している（※88）ので、今後は、現行の身分証明書の扱いもどうなっていくのか分かりません。また、マイナンバーカードは様々なサービスの割引対象となっていますが（※69・百七十二頁）（※74）、DV・虐待等の被害者は、安全を優先してカードの作成を控える限り、これらの恩恵は受けられません。

日本は極端に投票率が低いので、たとえ国民の大半が「おかしい」と感じる制度でも、簡単に通ってしまうという構造的な問題があります。これについては、同僚や友人などと日頃から政治についての話題を増やし、問題意識を底上げしていくしかありません。選挙へ行く・パブリックコメントを書く・市区町村役場に意見を投書する・地元議員と話す・友人と一緒に市民運動を行うなど、一人一人が具体的に、地道に、愚直に、身近なところから働きかける習慣をつくることが、本当に大切です。

そんなこと親は教えてくれなかった……とがっかりしてしまった方は、『スウェーデンの小学校社会科の教科書を読む：日本の大学生は何を感じたのか』という本がとても分かりやすいので、よかったら読んでみてください。紅龍堂《くりゅうどう》書店でもお取り扱いしています。

少し話がずれましたが、マイナンバー制度、注意深く見守っていきましょう。

チェックポイント

- ✔ DV・虐待被害者は、マイナンバーカードは作らないほうが安全
- ✔ 十五歳未満の頃に親が代理申請でマイナンバーカードを取得した可能性に注意
- ✔ マイナンバーカード所持者はマイナポータルの「代理人」設定の確認・解除をする
- ✔ 加害者にマイナンバーを悪用されそうなときは、個人番号指定請求で番号を変更する
- ✔ 大抵の住民サービスは、カードがなくても住民票や身分証明書などで代用できる
- ✔ マイナンバーカードは目まぐるしく情勢が変わっているので政治に注意

※71　養父市「宮崎県都城市と連携してマイナンバーカード利活用の検討を進めます」
https://www.city.yabu.hyogo.jp/soshiki/kikakusomu/digitalsuishin/10001.html
※72　山本由里「さよなら年金手帳　マイナカードへの移行は道半ば」日本経済新聞、二〇二一年九月十四日
https://www.nikkei.com/article/DGXZQOUB133YB0T10C21A9000000/
※73　図書館問題研究会全国委員会「『マイナンバーカード』を図書館カードとして使用することについて慎重な検討を求めるアピール」図書館問題研究会、二〇一七年三月六日
https://tomonken.org/statement/mynumbercard/
※74　「マイナンバーカード、SuicaやPASMOなどと連携　公共交通やタクシーの住民割引へ」ITmediaビジネス、二〇二二年十二月二十三日　https://www.itmedia.co.jp/business/articles/2212/23/news184.html
※75　山田祐一郎「『マイナカード＋公務員身分証』やめて！　身内の省庁が自ら『直訴』していた」東京新聞、二〇二二年十一月十八日　https://www.tokyo-np.co.jp/article/214575
※76　国際信州学院大学「マイナンバーカードが学生証として使えるようになります。」
https://kokushin-u.jp/2022/10/24/mynumber-card-student-id/
※77　Peacock Blue K.K.「運転免許証とマイナンバーカードの一体化加速！　具体的なメリットは？　懸念される『不携帯』『紛失』リスクとは」くるまのニュース、二〇二二年十月十四日
https://kuruma-news.jp/post/566600
※78　総務省「マイナンバーカードの機能のスマートフォン搭載等に関する検討会」

※79 https://www.soumu.go.jp/main_sosiki/kenkyu/mynumber_smartphone/index.html

※80 ＮＥＣ「マイナンバーカードに関わる顔認証システムの活用」https://jpn.nec.com/techrep/journal/g18/n02/180207.html

※81 「河野太郎氏が〝ネット検閲〟を画策？　ＳＮＳマイナンバー紐付け発言が物議…国民の懸念は本当に『フェイクニュース』なのか」ＭＡＧ２ＮＥＷＳ、二〇二三年二月十三日 https://www.mag2.com/p/news/566912
「3万5千人分、紛失漏えい　マイナンバー、過去5年間」共同通信、二〇二二年十二月三日 https://nordot.app/971679529531539456

※82 マイナンバーカード総合サイト ＞「申請方法について」＞「Q．子供でもマイナンバーカードの申請はできますか？」 https://www.kojinbango-card.go.jp/faq_apply8/#:~:text=%E7%94%B3%E8%AB%8B%E6%96%B9%E6%B3%95%E3%81%AB%E3%81%A4%E3%81%84%E3%81%A6-,%E5%AD%90%E4%BE%9B%E3%81%A7%E3%82%82%E3%83%9E%E3%82%A4%E3%83%8A%E3%83%B3%E3%83%90%E3%83%BC%E3%82%AB%E3%83%BC%E3%83%89%E3%81%AE%E7%94%B3%E8%AB%8B%E3%81%AF%E3%81%A7%E3%81%8D%E3%81%BE%E3%81%99%E3%81%8B,%E7%94%BA%E6%9D%91%E3%81%AB%E3%81%94%E7%9B%B8%E8%AB%87%E3%81%8F%E3%81%A0%E3%81%95%E3%81%84%E3%80%82

※83 マイナポータル ＞「3章　マイナポータルを使う」＞「代理人」＞「01全体概要　代理人の全体概要について説明します」 https://img.myna.go.jp/manual/03-07/0115.html#:~:text=%E4%BB%A3%E7%90%86%E4%BA%BA%E3%81%8C%E3%81%82%E3%81%AA%E3%81%9F%E3%81%AB,%E6%8F%90%E4%BE%9B%E3%81%

AE6%E3%81%A4%E3%81%A7%E3%81%99%E3%80%82

※84　マイナポータル ＞「ログインしてできること」＞「わたしの情報」＞「わたしの情報について」＞「取得できる情報一覧」＞「取得できるすべての詳細項目はこちら」＞「特定個人情報等の項目一覧」
https://myna.go.jp/html/person_info_list.html
　サイトマップが分かりづらいのですが、「マイナポータル」で検索するとトップページ（https://myna.go.jp/）が出てきます。このトップページをスクロールすると、「ログインしてできること」という項目が出てきます。

※85　小金井市「マイナンバーカード（個人番号カード）に関する各種手続について」＞「紛失したとき」＞「紛失したあとに見つからないとき」＞「漏えいの可能性があるため、マイナンバーの変更を希望するとき（個人番号指定請求）」
https://www.city.koganei.lg.jp/smph/kurashi/410/shakaihoshou/mnctetsuduki.html#cmsB961A

※86　厚木市「マイナンバー（個人番号）変更手続きについて」
https://www.city.atsugi.kanagawa.jp/soshiki/shiminka/3/4282.html

※87　「マイナンバーカードでＤＶ・虐待の被害者が身バレの可能性『ヤバすぎる』『周知されるべき』情報なのでは…厚生労働省に聞いた」まいどなニュース、二〇二三年二月七日
https://maidonanews.jp/article/14824725

※88　デジタル庁「河野大臣記者会見（令和４年10月13日）」 https://www.digital.go.jp/news/minister-221013-01/

（八）郵便局の「転居届」は出さない。住所変更は発送元に個別に出す

次は郵便物についてです。一般的な引っ越しならば、郵便局に転居届を出せば、旧住所宛の郵便物を新居に転送してもらえます。しかしながらＤＶ・虐待・ストーカー等の被害者は、この転送システムは利用しないほうが安全です。

コラム③（八十四頁）でも記載したとおり、郵便物には書留など、送り主が配達状況を追跡できるサービスがあるためです。もしも転居届を出してしまえば、加害者があなたの「旧居」宛に荷物を送った場合でも、あなたの手元に届きます。さらに、どの郵便局を経由して届いたか、加害者は見ることができます。自宅まで把握されるわけではありませんが、最寄りの郵便局を突き止められてしまうというのは、かなり恐いのではないでしょうか。

したがって郵便物に関しては転送サービスを使わずに、一つ一つの発送元に個別に住所変更届を出すことをおすすめします。その際は、請求関係の書類から優先的に手続きしましょう。請求書には住所が記載されていますし、月末締めで毎月届くものが多いですから、引っ越し後はなるべく早く変更手続きを済ませる必要があります。

これは一般的な引っ越しにおいても基本的なことですが、念のため、住所変更の必要なサービスを箇条《かじょう》書きで一覧にします。

［引っ越し後に住所変更が必要なもの］

□　電気・ガス・水道・インターネット・携帯電話などインフラ関係
□　銀行・証券口座などの金融関係
□　各種クレジットカードの請求先
□　Amazonや楽天市場など、オンラインショップの届け先
□　その他、趣味で登録している会報などの届け先など

他にも、人によって様々な住所変更が必要かと思います。

これらの手続きは、後回しにしないことがとても大切です。

もし、新居の近くのスーパーで買い物をして、そのクレジット決済の利用明細が旧居に届いたらと想像してみてください。簡単に居場所が割れてしまいます。スマートフォンの通話明細なども同様です。病院に電話した番号から、地域が割れることもあります。

心配であれば、各種請求書類が新居に届くことが確認できるまで、クレジットカードなど、居場所が分かるサービスは使わないほうがよいでしょう。

チェックポイント

✔ 郵便局へ転居届は出さない
✔ 住所変更は、発送元に個別に出す

- ✔ 住所の記載される請求関係から優先的に手続きする
- ✔ 引っ越し後はなるべく早く、全ての住所変更手続きを済ませる
- ✔ 最初の請求書が届くまで、クレジットカードやスマートフォンの利用は控える

（九）携帯電話やクレジットカードなどの名義変更・解約

もし、携帯電話やクレジットカード、銀行のキャッシュカードなどで、加害者に買い与えられたものがあるのならば、これを機に利用を見直しましょう。名義や請求先が加害者になっている可能性がありますから、必要に応じて変更または解約手続きを行ってください。前記のとおり、利用明細や通話履歴で居場所が知られることもあるからです。

まずは、カード会社や通話プランを契約している会社に問い合わせましょう。問い合わせの際は、必ずＤＶ・虐待被害に遭っている旨を伝えてください。万が一、加害者が「解約しやがった。どうなっているんだ」など運営会社に怒鳴り込んでも、個人情報が漏洩《ろうえい》されないようにするためです。

チェックポイント

✔ 加害者に与えられたスマートフォンやクレジットカードは名義変更・解約する
✔ 請求先も自分宛に変更するか、解約する

（十）車の登録事項等証明書・検査記録事項等証明書の閲覧制限

自家用車のある方は、登録情報や検査ファイルの悪用を防ぐため、こちらも閲覧制限をかけておくと安全です。車の種類によって窓口が異なり、軽自動車は軽自動車検査協会、それ以外の普通乗用車や二輪車は、運輸支局または自動車検査登録事務所が管轄です。

普通乗用車・二輪車の場合（軽自動車以外の場合）
［手続きに必要なもの］
□ 閲覧制限の申出書　……登録情報の証明書の交付事務及び情報の提供事務の取扱い実施請求書。全国の運輸支局または自動車検査登録事務所で入手可能
□ 添付書類　……保護命令決定書・ストーカー規制法に基づく警告等実施書面の写し・DV等支援措置決定通知書など。いずれか一つでOK
□ 身分証明書　……運転免許証、パスポート、マイナンバーカードなど

［手続きできる場所］

□　管轄の運輸支局または自動車検査登録事務所　……全国の運輸支局などは、国土交通省のホームページで見ることができます。

■国土交通省「全国運輸支局等のご案内」
https://www.mlit.go.jp/jidosha/jidosha_fr1_000034.html

手続きの流れとしては、まずは管轄の運輸支局または自動車検査登録事務所へ行き、閲覧制限を希望している旨を伝えましょう。すると制限の申出書をもらえます。必要事項を記入したら、次は警察などの相談機関へ持参します。相談機関で書類に承認をもらい、再び管轄の運輸支局または自動車検査登録事務所へ提出すれば、完了です。ＤＶ等支援措置の申請とほとんど変わらない流れですね。細かな順序などは状況によって異なることもあるため、詳細は管轄の運輸支局または自動車検査登録事務所にご確認ください。なお、この制度は一年ごとに更新が必要です。更新の時期になると電話や郵送などで連絡が来るため、そこで改めて、継続のための手続きを行ってください（毎回こうした補足を入れなければならないことが心苦しいのですが、通知が来ない可能性も忘れずに）。

普通乗用車や二輪車ではなく軽自動車に乗っている方は、窓口が軽自動車検査協会になります。こちらも、お近くの軽自動車検査協会事務所にお問い合わせください。全国の事務所は、軽自動車検査協会のホームページから見ることができます。

■軽自動車検査協会「お問い合わせ先（全国の事務所一覧）」
https://www.keikenkyo.or.jp/procedures/procedures_000134.html

チェックポイント

- ✔ 普通乗用車・二輪車は、登録事項等証明書に閲覧制限をかける
- ✔ 普通乗用車・二輪車の窓口は、運輸支局または自動車検査登録事務所
- ✔ 軽自動車は、検査記録事項等証明書に閲覧制限をかける
- ✔ 軽自動車の窓口は、軽自動車検査協会

（十一）後見登記制度における支援措置（登記事項証明書の発行抑止）

後見人および被後見人の方は、登記事項証明書についても確認しておきましょう。

「（成年後見人等の）登記事項証明書」とは、後見人（法定成年後見人、保佐人、補助人、任意後見人等）となっている人が、本人に代わって契約などを行う際に、その権限を持っていることを証明する書類です。この書類は、本人の配偶者や四親等内の親族も取得できるため、身

近に加害者のいる方は注意が必要です。

具体的には、高祖父母・曽祖父母・祖父母・父母・子・孫・ひ孫・玄孫《やしゃご》・兄弟姉妹・甥《おい》・姪《めい》・姪孫《てっそん》・おじ・おば・いとこ・大おじ・大おば・配偶者の中に加害者がいる場合は、閲覧制限をかけたほうがよいでしょう。

窓口は法務局・地方法務局の本局（東京法務局については後見登録課、その他の法務局・地方法務局については戸籍課）です。手続きに必要なものは、ＤＶ等支援措置の決定通知書、後見人の身分証明書、そして後見登記制度における支援措置の申入書。申入書は法務局で入手できます。

ただ、この制度は法律があるわけではなく、現場の運用なので、まずは法務局に問い合わせてみてください。管轄に関しては、法務局のホームページで確認できます。

■法務局「管轄のご案内」
https://houmukyoku.moj.go.jp/homu/static/kankatsu_index.html

チェックポイント

- ✔ 後見人および被後見人は、登記事項証明書に注意
- ✔ 被後見人の配偶者や四親等内の親族に加害者がいる場合、閲覧制限をかける

✔ 窓口は法務局・地方法務局の本局

（十二）選挙人名簿の抄本の閲覧の拒否

ＤＶ等支援措置の利用者には不要な手続きなのですが、中には住民票を移さない方もいるかもしれないので、念のため書いておきます。

加害者が政治家や立候補者、報道関係者の場合、選挙人名簿を閲覧される可能性があります。選挙人名簿とは、その名の通り選挙権のある人を登録した名簿であり、ここには住所も記載されています。ＤＶ等支援措置の利用者は、住所はマスキングされるため心配ないのですが、住民票を移していない方は注意が必要です。ＤＶ等支援措置を利用しない以上、個別具体的な対策が必要となります。詳細は市区町村役場に問い合わせてみてください。

（十三）供託制度における措置

供託している方は、申出をすることにより、利害関係人からの閲覧を制限できる場合があります。たとえば、供託物払渡請求をする際に住所の記載を一部省略する・供託関係書類の閲覧請求がされた場合に住所をマスキングするなどです。

心あたりのある方は、管轄の法務局に問い合わせてみてください。

（十四）行方不明者届の不受理の措置

DV等支援措置の利用者には不要な手続きなのですが、中には住民票を移さない方もいるかもしれないので、念のため書いておきます。

突然の引っ越しは、加害者からすると「失踪」や「家出」に見えるため、警察に「行方不明者届（捜索願）」を出されることがあります。

DV等支援措置の利用者については、この「行方不明者届」は自動的に不受理の措置が執られるため心配いらないのですが、そうでない方は、個別に警察に相談しておいたほうがよいでしょう。心あたりのある方は、第三章などを参照して、証拠や相談録を用意し、警察に「行方不明者届」の不受理の申出を行ってください。

チェックポイント

✔ 住民票を移さない場合、警察に行方不明者届の不受理の申出をする

✔ ＤＶ等支援措置を利用している場合、手続きは不要

コラム⑥　警察ってどんな感じ？

ＤＶ等支援措置を受けるにあたり、「警察に相談へ行く」ことが最初のハードルになる方は多いと思います。参考までに、私が警察へ行ったときのことを書いておきます。

初めて警察の方と長く話したのは、自分が交通事故に巻きこまれたときでした。当時、引っ越しを予定していて、いくつかの物件を内見してまわっていたのですが、その最中に不動産会社の車が事故を起こしたことがきっかけでした。

本編とは直接関係のないことですが、皆さん、車に乗る際はシートベルトを締めましょう。必ず。

怪我《けが》や事故の状況を聞いてくれた交通安全課の方は、とても親切な方でした。事故に遭ったことは不運でしたが、この事故がなければ、ＤＶ等支援措置には辿《たど》りつけなかったかもしれないと思うと不思議なものです。

交通安全課の方が繋《つな》いでくれた生活安全課の方は、残念ながら、お世辞にも態度が良いとは言えない方でした。口調は高圧的で、一度も目を合わせず、こちらが被害の説明をしていてもたびたび話を遮る男性で、気が滅入《めい》りそうになったのでよく覚えています。

それでもＤＶ等支援措置の認定は下りました。

次に警察の方に会ったのは、ＤＶ等支援措置の更新のときでした。このとき以降、なにか警察内部で方針が変わりでもしたのか、面談してくれる警察官の方は、今日に至るまでずっと女性です。

最初の更新を担当してくれた警察官の方は、ユーモアあふれる楽しい方でした。初めて相談した男性警察官とは異なり、子どもの頃の被害なども詳細に聞いてくれました。私が何か一つ話すたびに、うんうんと頷《うなず》いて「（お父さんは）逮捕ですねぇ～」と相槌《あいづち》を打ってくれるものだから、おかしくてついつい笑ってしまうような時間が流れました。

けれど、帰りの電車でふと気づきました。

「ああそっか、本当に逮捕されるようなことをされていたのか」と。

警察官の方がユーモラスだったのは実際なのですが、私が話していた被害内容自体は、決して笑えるようなものではなかったのだと思います。今思い返しても、「逮捕ですね」の相槌に笑っていたのは私だけで、警察官の方は、一度も笑わずに真摯《しんし》に話を聞いてくれていました。

次に警察官の方に会ったのは、ＤＶ等支援措置からはいったん離れて、古書店を始めるために、古物商許可証を取得したときでした。このときの担当の警察官の方は、とても親切な方でした。

というか、思い返す限り、不親切だったのはＤＶ等支援措置の相談をした最初の一人だけです。よりによって感が凄《すご》いですね。

最後に警察官の方に会ったのは、昨年のＤＶ等支援措置の更新です。このときも女性の方で、今度はキリッとした感じの方でした。

ＤＶ等支援措置の更新の際には、どの担当者の方も、いつも「何か変わったことはないですか」と聞いてくれます。毎年更新手続きをしなければならないのは大変ですが、面談自体は、私自身はありがたいと感じています。他の被害者の方は分からないのですが、私に関しては、毎年、加害者の父から何かしらのアクションが継続しているからです。

基本的に弁護士を介しているので、直接話が来るということはないのですが、それでも勝手に本籍地を変更されたり（分籍していないとこうなります）、一度は「買い取れ」と言った不動産を急に「譲渡する」と言い出したり（虐待サバイバーの方は察しがつくと思いますが、もちろん「譲渡する」など大嘘《うそ》で、「譲渡」を口実に私の住所を聞き出そうとしただけでした）、共通の知人がいる不動産会社から家族の近況を聞き出して「進学させるな」と言い出したり（学問の自由……）など、数え切れない迷惑行為が続いています。

そうした近況を、警察官の方はいつも丁寧に聴取してくれます。

また、近年ＳＮＳでのつきまとい事件が増えていることや、どういった投稿内容がいわゆる身バレに繋がるかなど、注意したほうがいい最新情報についても教えてくれます。

反対に、私たちから「こういうところに危険がある」と伝えることもできます。

たとえば過去の私の面談では、不動産登記簿から住所漏洩《ろうえい》の危険があること、自営業者は特定商取引法の表記で困ること、分籍しなければ本籍地を変更されるリスクがあることなどを話してきました。次の更新時には、マイナンバーカード制度の不備と、第六章でも書くインボイス制度の個人情報取扱いと、「共同親権」など家族法制の見直しについて話すつもりです。

すでにＤＶ等支援措置を受けている方は、ぜひ更新の面談の際には、こうした制度の問題点を積極的に話すようにしてください。

声が多ければ多いほど、問題が改善されるスピードも速くなるためです。

第六章

新生活で気をつけること

（一）ＤＶ等支援措置・税支援などの更新手続きを忘れずに

ここからは、新生活を快適に送るためのライフハックをまとめていきます。ＤＶ・虐待被害者は、とにかく気をつけなければならないことが多いので、楽になれる方法があるのならば迷わずどんどん活用していきましょう。

まずはＤＶ等支援措置の更新について。

多くの自治体では毎年、更新の時期が近づくと「更新のお知らせ」が書類で届くのですが、一方で届かないケースもあります。ハラハラするのは嫌なものです。ここはもう先回りして、手帳やカレンダーアプリなどであらかじめリマインドしてしまいましょう。私は、更新の時期が近づいたら「更新書類はまだですか？」と自分から役所に電話したり、用事のついでに直接取りに行くようにしています（コラム③・八十四頁でも記載しましたが、たとえ更新通知制度が導入されていても、ヒューマンエラーは起こります。リマインドはしておいたほうが安全です）。

なお、ＤＶ等支援措置とは別に、税支援の手続きが必要な自治体に関しては、こちらも一年ごとに更新が必要とされています。更新手続きはＤＶ等支援措置だけでいいのか、それとも税支援も別途手続きがあるのか、確認しておきましょう。健康保険の「資格確認書」や、不動産登記簿、自動車の閲覧制限などに関しても同様です。

チェックポイント

✔ DV等支援措置・税支援は更新が必要
✔ 更新書類が届かないケースもあるので、リマインドしておく
✔ 税支援の更新は自治体によって手続きが異なるので確認する
✔ 健康保険の「資格確認書」、不動産登記簿、車の閲覧制限の更新手続きも忘れずに

（二）郵便物は実名でなくても届く。匿名配送を活用する

郵便局の「転居届」の危険性については第五章（八）でお伝えしましたが、この転居届、実は本来の用途とは全く異なる方法で活用することができます。

それは、ハンドルネームやペンネームを登録するということです。

たとえば、仕事で使っている筆名や屋号。紅龍堂《くりゅうどう》書店ならば「久利生杏奈《くりゅうあんな》」という人物が新たに事務所に「転居」したという届けを出すことにより、紅龍堂書店宛の荷物とは別に、久利生杏奈宛の荷物が届くようになります。これは裏技でもなんでもなく、作家さんなどは皆さん使われている方法なのですが、意外と知らない方は多いです。「転居届」を利用して郵便局にハンドルネームを登録した上で、オンラインショップなどの利用名義も新しくハンドルネームを作成し、そのハンドルネーム宛に荷物が届くようにしてしまえば、実名の漏洩《ろうえい》

は起こりようもないので安心です。

ただ、転居届に旧住所を書いてしまうと、加害者からの郵便物が届くようになりますから、届出の際はあくまでも現住所だけを書くようにしてください。

ここで「転居届」を出す目的は、旧居からの郵便物の転送ではなくて、あくまでもハンドルネームの登録です。新居に「住人」が一人増えたことを届出するだけで充分です。

余談ですが、親に奇抜な名前を付けられて悩んでいる方などは、この方法で実名自体を変えることも可能です。

改名手続きは家庭裁判所への申し立てが必要ですが、「名の変更許可の申立書」には、「通称として永年使用した」という項目があります。長く違う名前で暮らしていき、その名前に届いた郵便物などを証拠として残しておけば、古い名前を捨てて、自分でつけた名前を実名にできます。ちなみに読みを変えたいだけの場合は、裁判所への申し立ては不要です。たとえば光宙（ぴかちゅう）を光宙（みひろ）や光宙（みつひろ）にしたい時などは、市区町村役場で変更手続きをするだけで済みます（自治体によってはこの手続きすら不要です。フリガナの登録の有無や手続きの詳細は、地区によって異なるのでご確認ください。仮にフリガナの登録や変更手続きがない自治体の場合、今日から好きに名乗り始めて大丈夫です）。

ただ、現在は戸籍に登録されているのは漢字だけですが、二〇二四年以降は戸籍にもフリガナが記載される予定のため、読みの変更にも裁判所の許可が必要になってくる可能性が高いです（二〇二三年六月現在・※89）。

少し話が逸《そ》れましたが、その他、自分から発送する荷物を匿名配送にしたい場合は、ヤマト運輸のクロネコメンバーズサービスが便利です（※90）。

詳しいやり方はヤマト運輸のページをご覧いただければと思うのですが、送り主がクロネコメンバーズの会員で、宛先がＬＩＮＥの友だちであれば、通常の送料＋百十円で住所も実名も完全に秘匿して荷物を送ることができます（二〇二三年三月八日現在）。

もっとも、自分から送る荷物に関しては、通常であれば相手の素性も分かっているはずですから、あまり神経質になる必要はないのかなとも思います。

そんな中で、特別気をつけたほうがいい例外があります。

年賀状です。年賀状は鬼門です。

おそらく、子どもの頃からの友人や、知人に送るという人もいるのではないでしょうか。

その場合、親も知っている人物である可能性が高いですから、探りを入れられたり、現住所を聞き出されたりしないように注意が必要です。

悩ましいのですが、私自身は、もう年賀状は出していません。

もしも年賀状を出すのであれば、加害者と接点のない人に限定するか、年賀状を出す前に被害を説明して、誰かに住所を聞かれても教えないようにと釘を刺すか、はたまた送り主の住所は書かないなどの対策が必要です。

チェックポイント

✔ 郵便局の「転居届」は、ハンドルネームなどの登録に活用できる
✔ その際、転居届には旧住所を書かないように気をつける
✔ オンラインショップなどもハンドルネームを登録して購入できる
✔ 長く通称で暮らしていれば、家庭裁判所への申し立てで実名を変更できる
✔ 個人間の匿名配送には、ヤマト運輸のクロネコメンバーズが便利
✔ 年賀状は、加害者との共通の知人などに気をつける

※89 堀川貴史「戸籍に名前の読み方、フリガナが登録される？いつから始まるの？」氏名変更相談センター、二〇二三年四月七日　https://www.osaka-everest.com/yomikata-kaisei/

※90 クロネコメンバーズ「Q　宅急便をスマホで送るで、LINEの友だちに匿名配送で荷物を送るやり方を教えてください。」　https://c-faq.kuronekoyamato.co.jp/app/answers/detail/a_id/2600

（三）SNSは鍵アカウントにするか、自撮りや居場所が分かる投稿はしない

SNSは鍵アカウントにしない限り、どんなにフォロワー数が少なくても拡散されるリスクがあります。ハッシュタグを付けていなくても、キーワードで拾われる可能性があります

し、どういった内容が安全で、どういった内容が特定されやすいのか、知識がないまま判断するのは至難の業だと思います。

とりわけDV・虐待被害当事者は、気をつけたほうがいいことがたくさんあります。

まずは写真から注意点を見ていきましょう。

①自撮りのUPは鍵アカウントだけにする

これは体感的にも分かりやすいかと思うのですが、自撮りのUPは控えたほうが無難です。不特定多数のユーザーが目にする場所に顔写真を公開すれば、加害者に見つかるおそれだけではなく、勝手に他人にダウンロードされて、悪用されるリスクがあるからです。たとえば、顔の部分だけ切り抜かれてポルノ画像と合成される、なりすましアカウントのアイコンとして利用されるなどです。もしも自撮りをUPしてSNSを楽しみたいならば、親しい友人限定の鍵アカウントなどにしたほうが安全です。

②Exif情報を削除する

一般的にデジタル写真には、Exif《イグジフ》情報が付加されています。Exif情報とは、撮影日時やカメラの機種、データ作成者の名前、明るさや絞りなどの設定データ、編集に利用したソフトウェアなど様々な情報の集まりのことです。

このExif情報には、位置情報も含まれます。

スマホやカメラのGPS機能をオンにしていれば、どこで撮影したかも、Exif情報から簡単に分かってしまいます。

もっとも、ほとんどの大手SNSでは、Exif情報は投稿時に自動削除される仕様になっています。具体的には、LINE、Twitter、Facebook、Instagram、Mastodonでは、Exif情報は全て削除されます（※91・92・93）。ただし、これはあくまでも公式のWebクライアントやiOS、アンドロイドのアプリを使用した場合です。Twitterを例にとって説明すると、Social Dogなど、他社のアカウント運用サービスから投稿した場合、この限りではないかもしれないということです。心あたりのある方は、それぞれの運営会社にExif情報の扱いについて確認したほうがよいでしょう。

なお、ブログに関しては、公式でも削除されないサービスが多いです。大手だと、はてなブログは位置情報以外全て残りますし（※91）、世界的にユーザー数の多いWordPressに至っては、位置情報さえ削除されません（※91）。WordPressでExif情報を削除するためには、専用のプラグインの導入が必要です。

何であれSNSを利用している方は、念のため、運営元のプライバシーポリシーや利用規約で、Exif情報の取扱いについて調べておいたほうが安全かと思います。

ただ、イーロン・マスク氏によるTwitterの買収などを見ていれば分かるとおり、SNSはあくまでも民間企業であり、公的サービスではありません。それはつまり、ある日突然、企業の都合で名称や規約、仕様を変更されても不思議ではないということです。

極端な話、明日からオーナーの意向でExif情報を削除「しない」となる可能性もゼロではありません。

ですから、現時点ではある程度「安全」と分かっているSNSにおいても、念のため、Exif情報は自分で削除・確認してから投稿したほうがよいでしょう。大抵のカメラアプリは設定で位置情報をオフにできますから、撮影の段階で保存されないようにしておくことをおすすめします。

③写り込んでいる物に気をつける

Exif情報を削除しても、写真に写っている物から場所や個人を特定されることがあります（※94・95）。以下にいくつか具体例を挙げます。

［写っている物から場所や個人が特定される事例］

□　制服から学校が特定された
□　ピースサインから指紋を抽出された
□　背景の電柱や住宅に居住表示が貼られていた
□　特定の地域にしかない珍しい植物や、生息環境が限定される動物が写っていた
□　有名な建物が写っていた
□　足下を撮影した際、地域限定デザインのマンホールが写っていた

□　お店の看板、学校や公民館など建物の名称が写っていた
□　特定の店舗にしかない商品が写っていた
□　チケットやレシートに発行店舗や荷物番号が記載されていた
□　会社の封筒や社員証、学校や幼稚園などの名前が入った用紙が写っていた
□　ゲリラ豪雨や竜巻、地震など、撮影場所が限定される状態だった
□　車のナンバーが写っていた
□　鏡や窓、テレビや冷蔵庫、金属製品、サングラスなど、反射しやすい物を撮ったときに自分の姿が写っていた

他にも、賃貸物件に住んでいる方ならば部屋の間取り、珍しい壁紙が使われている部屋ならばその模様、窓から撮った風景などで自宅が特定されることも考えられます。反射しやすい物に関しては、家電やサングラスだけでなく、人間やペットの瞳、水たまり、また植物の葉の上にある水滴などに写り込んでいることも少なくありません。

どんなに小さな物でも、編集ソフトを使えば簡単に拡大できますし、明度やコントラストの調整でくっきりと浮かび上がらせることができる時代ですから、ＳＮＳに写真を投稿する際は、事前に細部まで確認したほうがよいでしょう。背景に関しては、加工アプリでモザイクをかけてしまうのも手です。

ここまでが写真の話でした。

次は投稿内容そのものについての注意点を見ていきます。文章だけでも、場所や個人が特定されることはあります。

①最寄り駅やコンビニなど、近所の情報は書かない

駅名をわざわざ書く人はいないと思うのですが、たとえば「駅からの帰り道、コンビニの新作スイーツが美味しそうだった」と書いてしまう人は多いのではないでしょうか。

なにげない文章ですが、この一文から最寄り駅の近くにコンビニがあると分かります。コンビニにも色々ありますが、投稿の日時で新作スイーツを出している店舗となるとある程度絞られてきます。

こうした事態を避けるためには、「家・駅・職場・仕事・学校・子どもの幼稚園・保育園・近所・近く」など、場所に関するワードを極力避けるのがよいです。今回の例文であれば、「駅から」の帰り道と書かずに、ただ「帰り道」と書けばOK。期間に関しては、敢《あ》えてずらして投稿することも大切です。これはDV・虐待・ストーカー対策に限らず、SNSの利用者全般に言えることですが、たとえば「家族で旅行に来ている」などの投稿は、「現在は留守にしている」「この場所にいる」と全世界に喧伝《けんでん》しているのと同じだからです。できれば「少し前に旅行した、楽しかった」など、過去形で投稿したほうが安全です。

②近隣のイベント情報は書かない

地域が特定されるローカルなお祭りや、近隣の商業施設でのイベント、季節外れの花火などは、書き方や投稿頻度に注意してください。たとえば、あまりにも横浜のイベント関連のツイートが多ければ、横浜市在住の人なのかなと簡単に推測されてしまいます。

③家族構成やペットの名前は書かない

家族の個人情報を書かなくても、家族構成で目を付けられることがあります。子どもはいるのか、何人なのか、性別は、歳は、直接的に書かなくても「娘の入学式に行って来た」などの投稿で気づかれることもあります。

また、家族の名前は出さなくても、ペットの名前は書いてしまう人が少なくないので、こちらも気をつけたほうがよいでしょう。個性的な名前であればあるほど特定されやすいです。これについては容姿についても言えることなので、愛猫や愛犬の写真の投稿時には、アングルなどで工夫しましょう。

④口調や文体に気をつける

文章というのは、本人が思っている以上に、癖や特徴が滲《にじ》み出るものです。語尾や接続詞、文節の切り方、句読点の打ち方、漢字・ひらがなの開き方、よく使う形容詞などで、誰が書いたか分かることがあります。詳しい判定方法は悪用防止のために割愛しますが、SNS運用においては一点だけ、おすすめの対策を書いておきます。

それは「心に賢者を宿す」ことです。

別人になりきれとまでは言いません。ただ、それでなくとも感情的になりやすいのがインターネット。普段以上に丁寧な物腰を心がけるだけでも、自然と口調が変わり、第三者からは「少し大人びた違う人」に見えるようになります。理想の賢者（聖者でも仙人でも師匠でも魔法使いでも構いません）に喋《しゃべ》ってもらうようなイメージで書いてみると、思いの他うまくいくことが多いです。また、文筆業でない方に関しては、基本的な文章のルールを身につけるだけでも雰囲気が変わります。たとえば、一文を短くする、主語と述語を近づける、修飾語と被修飾語は離さないなどです。こちらは、専門書がたくさん出ていますから、興味のある方はぜひ習得してみてください。

⑤フォローするアカウントに気をつける

誰をフォローするかは言うまでもなく自由ですが、横浜の地域情報アカウントばかりをフォローしていれば、横浜市在住の人なのかなと簡単に推測されてしまいます。また、加害者と共通の知人や、加害者も知っているあなたの趣味、加害者があなたの推しだと知っている芸能人などをフォローしていると、個人が特定されやすくなります。対策としては、フォローではなくリストに入れる、横浜市以外にも町田市や川崎市など近隣の市街地の情報もフォローする、地域情報以外にもワールドニュースなどをフォローする、加害者の知らない趣味のフォローを増やすなど、情報を飽和させるとよいです。

また、今まで政治に興味がなかった方は、政治家やジャーナリスト、弁護士のアカウントをフォローしておくこともおすすめです。加害者は基本的に被害者を見下しているので、「頭がよさそう」に見えるだけで勝手に別人とみなしてくれる可能性があります。政治系アカウントはDV・虐待・ストーカー関連の最新情報も入ってくるので一石二鳥です。

チェックポイント

- ✔ 公開アカウントに自撮りは上げない
- ✔ 写真の投稿時には、Ｅｘｉｆ情報を削除する
- ✔ 写真の背景などから特定されることがあるので拡大して細部まで確認する
- ✔ うっかり近所の情報を書いていないか投稿前に念入りに確認する
- ✔ 家族構成やペットの名前などは極力書かない
- ✔ 口調や文体に気をつける
- ✔ フォローするアカウントにも気をつけて、情報量を飽和させる

※91 「【SNS】Facebook、Twitter、InstagramでExifが自動削除されるのか?」たおさんのMyanmar Life、二〇一

九年十一月二十一日　https://taosan.org/exif-for-fb-twitter-instagram/

※92「LINEに送られてきた写真の撮影日時を調べる方法はある？」さくっとふぉとらいふ、二〇二二年一月二十一日　https://photolog.aiko15.com/3127/

※93「MastodonにアップロードしたExif(特にGPS情報)は保持されてしまうのか？」酢ろぐ！、二〇一七年四月二十七日　https://blog.ch3cooh.jp/entry/20170427/1493259616

※94「ＳＮＳの写真から居場所が分かる？　写真の位置情報や写っている物に注意！」セキュリティ通信編集部、二〇一九年一月十五日　https://securitynews.so-net.ne.jp/topics/sec_10008_sns-picture.html

※95弁護士相談Ｃａｆｅ編集部「ＳＮＳの写真で個人情報が特定できる？自宅住所と名前の漏えい危機」ネット誹謗中傷弁護士相談Ｃａｆｅ、二〇二一年四月七日
https://www.fuhyo-bengoshicafe.com/bengoshicafe-12936.html

（四）利用規約・プライバシーポリシー・アプリの権限を確認する

Ｅｘ·ｉｆ情報の取扱いなど、個人情報への姿勢は企業によってかなりの差があります。必要最低限のことにしか取得した情報を使わない企業もあれば、あらゆる個人情報を収集し、他社に売却するようなところもあります。

また最近は、企業だけではなく政府も個人情報を取り扱っているため注意が必要です。

たとえば、国税庁のインボイス制度の公式サイトでは、登録事業者（漫画家や声優など個人も含まれます）の実名や住所を、誰でもワンクリックで一括ダウンロードして「商用利用」できる仕様になっていました（※96・97）。これにはさすがに国民から抗議の声が殺到したため、二〇二二年九月二十六日以降は大半の個人情報が伏せられて（※97）、サイトの利用規約にも個人情報保護の観点が付記されましたが、遅きに失した感が否めません。何も知らずに最初に登録した方々は、実名や住所を全世界に晒《さら》されてしまいました。まさか自分の名前や住所が、政府によってフリー素材にされるとは思わなかった方も多いのではないでしょうか。

こうしたことを書くのは心苦しいのですが、政治家には世襲議員を筆頭に、社会経験のない方が少なからずいるため、リスクマネジメントなど、一般企業と比べても非常識だと感じる場面が増えています（逆に社会正義が求められる福祉分野にまで、市場原理を持ち込みすぎだと感じる議員も増えています）。

不測の事態に巻きこまれないためには、なんらかのサービスを利用する際には、私たち自身が、事前に利用規約やプライバシーポリシーを確認しておくことが大切です。

長いので読み飛ばしてしまう方も多いと思うのですが、政府の事例を見れば明らかなとおり、「大きな組織だから安心できる」というのは幻想です。少し時間がかかっても、きちんと読みこんだほうがよいでしょう。

また、規約やプライバシーポリシーとはべつに、最近増えている被害事例を踏まえて、お手持ちのスマートフォンやタブレットにインストールしている、アプリの権限にもついても確認しておくことをおすすめします。

昨今、アプリによる個人情報収集が増えています。安全だと思ってインストールしても、知らぬ間にOSの設定を変えられたり、広告を表示されたり、銀行の認証情報を送信されてしまうことがあります。スパイウェアは、最初からスパイウェアの顔をして出回っているわけではありません。一見すると大手SNSの公式アプリのアイコンにそっくりだったりして、ユーザー自身が誤って入れてしまうこともあります。

対策としては、インストール時に不自然な権限を求められていないか、立ち止まって考えてみることです。たとえばカメラアプリなのに連絡帳へのアクセス権限を求められれば、本当にカメラアプリなのか疑ってみたほうがよいでしょう。

自己判断できるか不安な方は、お手持ちのスマートフォンやタブレットに、ウイルス対策ソフトを導入することをおすすめします。

最後にもう一点だけ、政情を踏まえた補足を。

岸田内閣の河野太郎デジタル相は、「いろんなサービスのアカウントを作るときに、マイナンバーカードで認証を最初にする」（※98）という未来を示唆しています。「いろんな」というのがどこまでを指すのが分かりませんが、仮にSNSの利用認証にマイナンバーカードが紐付《ひもづ》けされた場合、思想・信条・言論の自由がきちんと保障されるのか、私たちは慎重に見極めていく必要があります。前項でも触れたとおり、現在の規約が「安全」だからといって、将来までは分かりません。ある日突然オーナーが変わって、それに伴い規約が変更される可能性は常にあります。たとえば、個人情報だけでなく日頃の発言内容まで収集・分析されるようになれば、「意にそぐわない国民だから」という理由で逮捕されるような事態も、戦時下の歴史を鑑みる限り、絵空事とは言えなくなってきます。

　不幸中の幸いは、現行の民法で、利用規約の変更の際には、その内容と効力の発生時期をインターネットなどで適切に周知しなければならないと定められていることです。インボイスにしてもマイナポータルにしても、この原稿の執筆中にも変更された規約を、私はホームページから知ることができています。規約の変更が心配な方は、公式サイトのお知らせなどをブックマークして、たまに覗《のぞ》いてみるとよいでしょう。

　もっとも、法律自体を改変されてしまえば、手の施しようがなくなります。返す返すも、選挙へ行くこと、批判的な視点で政治を見守りつづけることがとても大切です。

チェックポイント

- ✔ SNSなどの利用規約・プライバシーポリシーは長くても目を通す
- ✔ アプリをインストールする際は権限に注意
- ✔ スマホやタブレットにはウイルス対策ソフトを導入する

※96　紅龍堂書店「国税庁の軽減・インボイスコールセンター（消費税軽減税率・インボイス制度電話相談センター）に直接確認しました。」二〇二二年六月十七日
https://twitter.com/BooksKuryudo/status/1537712032128303104

※97　国税庁　適格請求書発行事業者公表サイト「全件データファイルの提供再開について」二〇二二年九月二十六日　https://www.invoice-kohyo.nta.go.jp/news/r04/r04news04.html

※98　東山ドレミ「河野太郎氏が〝ネット検閲〟を画策？　ＳＮＳマイナンバー紐付け発言が物議…国民の懸念は本当に『フェイクニュース』なのか」ＭＡＧ２ＮＥＷＳ、二〇二三年二月十三日
https://www.mag2.com/p/news/566912

（五）自営業者の注意点。登記簿・特定商取引法・インボイス

自営業の方や、これからお店を始めたいという方は、人一倍、個人情報の取扱いに注意が必要です。業種や業態、またプラットフォームによって実情が異なるので細かいことは割愛しますが、最低でも、特定商取引法と登記簿、またインボイスについては調べておいたほうがよいでしょう。調べればすぐに分かることですが、起業するためには実名や住所を公表しなければならない場面がたくさんあります。

たとえば特商法の施行規則三条では、「販売業者又は役務提供事業者の氏名又は名称、住

所及び電話番号並びに法人にあっては代表者の氏名」を明示しなければならないと定められています。どういうことかというと、事務所を持たずに自宅で通信販売などを行う場合、自分の名前（屋号ではなく戸籍上の実名）、きちんと繋がる電話番号、さらに住所を、ホームページなどで公開しなければならないということです。

ただ、これはあくまでも原則であり、公開しないための方法も用意されています。

近年、誹謗《ひぼう》中傷やストーカー被害などが増えています。そのため消費者庁は、「通信販売の取引の場を提供するプラットフォーム事業者やバーチャルオフィスの住所及び電話番号を表示することによっても、特定商取引法の要請を満たすものと考えられます」と見解を示しています（※99）。つまり、バーチャルオフィスを借りるか、ＢＡＳＥやカラーミーショップ、Ｂ・ｉｔｆａｎなどのプラットフォームを利用すれば、住所や電話番号を公開せずに創業できるということです。ただ、それでも実名だけは書かなければならない方針のところが多いので、各プラットフォームのルールなどは、それぞれの運営に確認するようにしてください。

インボイス制度に関しては、本章（四）で触れたとおり、利用規約で個人情報を「コンテンツ」と定めて商用利用を許可しているので、登録には慎重になったほうがいいと私自身は考えています。名前や住所こそ伏せられるようになりましたが、果たして政府の作ったシステムのセキュリティがどこまで信用できるのか分かりませんし、現にマイナンバー制度で情報漏洩が起こり続けている現状を鑑みると、ＤＶ・虐待被害者は、しばらくは様子見でもいいのかなとは思います。

なお、こうした事情は、ＤＶ等支援措置の更新の際に、ぜひ警察や役所の方に積極的に話すようにしてください。

声が大きければ大きいほど、数が多ければ多いほど、制度の不備が改変されて、私たちも生きやすくなる可能性があるためです。

チェックポイント

- ✓ 自営業者は、特定商取引法、法人登記簿、インボイスなどに気をつける
- ✓ バーチャルオフィスやプラットフォームを活用すれば、住所公開せずに創業できる
- ✓ ＤＶ等支援措置の更新の際などに、積極的に困りごとを話すとよい

※99　特定商取引法ガイド　通信販売広告Q＆A　Q18　https://www.no-trouble.caa.go.jp/qa/advertising.html

（六）知人であっても安易に住所を話さない

自分から積極的に「わたしここに住んでる！」と喧伝《けんでん》する方は少ないと思うのですが、

「どこから来たの?」「このへんに住んでるの?」などと尋ねられて、とっさに嘘《うそ》をつけずに答えてしまう人はいるのではないでしょうか。特に田舎では、当たり前のように「何丁目?」「○○さん家の隣?」などと直球で聞かれることもあります。尋ねる人の大半に悪気がないので困りものです。

こうした質問は、答えてしまったが最後、地域中に噂《うわさ》が広まると思ってください。

対策としては、聞かれたときになんと答えるか、あらかじめシミュレートしておくとよいです。たとえば私の場合、「どこから来たの?」と聞かれたときには「山のほう」と答えるようにしています。それでもしつこく食い下がってくる人には、実際の住所からは敢《あ》えて離れた地域を伝えます。まっとうな方なら、親しくなってから事情を説明しても怒りませんし、そもそもさほど親しくもないのに住所を教えてもらえないからといって気分を害するような人には、最初から近づかないほうがいいです。

チェックポイント

- ✔ 急に住所を聞かれた際、なんと答えるかシミュレートしておく
- ✔ しつこく聞いてくる人とは距離を置く

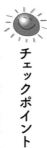

（七）何かあったときの相談先・避難先を決めておく

何もないに越したことはないのですが、万が一、加害者が家を探し当てて訪ねてきた際にどうするかも決めておきましょう。まず、これは警察からも説明があると思いますが、ＤＶ等支援措置をかけた後に加害者が直接家に来るようなことがあれば、１１０番通報して大丈夫です。自力で対処せずに、警察に追い返してもらいましょう。

その他、第三章でご紹介した相談機関などは、避難や引っ越しが済んだ後も、連絡帳に登録して、すぐに電話できるようにしておくと安心です。

地元議員に相談しておくこともおすすめです。ＤＶや虐待の件に限らず、ちょっとした地域の困りごとなどで日頃から頼っておけば、いざというときにも相談しやすくなります。

避難先についても、決めておいたほうが安全です。私は、最悪何かあったときは、しばらく友人の家に泊めてもらうことについて了承をもらっています。

その他、ＤＶや虐待、モラハラに強い弁護士さんと面識を持っておくことも、個人的に強くおすすめしたいです。たとえば本書の監修の柴田《しばた》収《しゅう》弁護士は、岡山県の方ですが、全国から相談を受け付けています。依頼を検討している方ならば、初回相談は時間制限なしで無料ですし、毎週土曜日に、Ｔｗｉｔｔｅｒでも無料相談スペースを開催しています。実は私自身もネットの誹謗《ひぼう》中傷で相談させていただいたことがあるのですが、とても理路整然としていて、ユーモラスな先生です。

弁護士にも様々な方がいます。相談者が女性だと急にタメ口になるような人も、残念ながらいます。私は父との交渉や、恐喝を受けていた不動産関係、交通事故、もう音信を絶ってしまった旧友との紛争、ネットの誹謗中傷対策などで、おそらく一般の方よりもたくさんの弁護士の方々にお世話になってきたと思うのですが、こんなにも的確で仕事が速く、文章が巧みで、言葉が柔和で、笑わせてくれる先生は初めてでした。相談前は恐怖で夜も眠れなかったのですが、相談後は本当に肩の荷が下りて楽になりました。なんだか宣伝のようですが、本当に凄《すご》い方なのでおすすめです。

一方、そうはいっても男性は恐いという方や、個人的に弁護士に依頼するほどのお金はないという方も、DV・虐待被害者には必ずいると思います。

男性が恐いという方は、神奈川県湘南合同法律事務所の太田啓子《おおたけいこ》弁護士が、女性の権利に詳しく、DV・モラハラにも強いのでおすすめです。SNS上で酷い誹謗中傷にさらされていた、女性用シェルターの運営などを行う団体の代理人になったり、大人になってから毒親と絶縁したいという人の案件も、真正面から受けている先生です。また、『これからの男の子たちへ――「男らしさ」から自由になるためのレッスン』(大月書店)という本を執筆されていて、ジェンダー平等についてもとても分かりやすく話されています。文章からきっとお人柄が伝わると思うので、気になる方や、誰を頼ればいいか分からない方は、ぜひ読んでみてください。

お金が苦しい場合は、第三章(五)でご紹介した公的機関や、同章(七)でご紹介した

「政治家に相談するという選択肢を持つ」もぜひ思い出してください。新潟選挙区の打越《うちこし》さく良《ら》議員は弁護士ですし、東京選挙区の山添拓《やまぞえたく》議員も弁護士です。立憲民主党の北海道7区の総支部長・篠田奈保子《しのだなおこ》候補も弁護士です。候補者とは、あなたのために立ち上がった人であり、いつか、あなたの投票で議員になるかもしれない人だということを忘れないでください。

同時に、信用できない議員を見極めることも忘れずに。

残念ながら弁護士資格を保有する議員の中にも、モラハラ気質な人はいます。議員に相談する際は、必ず過去の不祥事や、不祥事への対応、発言の矛盾の有無、また旧統一教会との癒着《ゆちゃく》の有無などを確認するようにしましょう。

もちろん、ご自身で口コミなどを検索して、信頼できる先生を探してもよいと思います。本書では、いちばんお世話になったテミス法律事務所のＵＲＬをご紹介しておきますね。

■テミス法律事務所の代表ホームページ
https://www.themis-okayama.jp/

■テミス法律事務所のＬＩＮＥ相談
https://page.line.me/rko1269g?openQrModal=true

■柴田弁護士のＴｗｉｔｔｅｒアカウント
https://twitter.com/themis_okayama

チェックポイント

- ✔ 加害者が家に来たときは１１０番。警察に追い返してもらう
- ✔ ＤＶ等支援措置の申請でお世話になった公的機関の方々とは音信を保っておく
- ✔ 地元議員を日頃から頼っておく
- ✔ いざというときの避難先を決めておく
- ✔ ＤＶ・虐待・モラハラに強い弁護士さんと面識をもっておく
- ✔ 岡山県テミス法律事務所の柴田先生おすすめ
- ✔ 男性が恐い方は、女性の権利に強い女性弁護士に依頼すると安心
- ✔ 議員にも弁護士はたくさんいる（ただし弁護士にも色々な人がいる）

（八）情報収集を欠かさない。政治に関心を持つ

制度や法律は、変わります。それもかなりの頻度で変わります。その変化は、日常生活で自然と耳に入ってくることはほとんどありません。

身を守るためには、自分で情報収集することが必要です。

ただ、そうは言っても、育児や仕事が忙しすぎて難しいという方も多いと思います。ＤＶ

や虐待などの最新情報は、TVのニュース番組では流れないことが多いですし、SNSに関しては、正誤の判断にリテラシーや経験が求められます。また、SNSは感情的な言葉が溢《あふ》れているので、見ているだけで疲れてしまう場面も多いと思います。

そうした方には、手前味噌で恐縮ですが、先にご紹介した柴田《しばた》弁護士のTwitterアカウントのフォローや、紅龍堂《くりゅうどう》書店の公式メールマガジンの登録、同Twitter、Instagramのフォローがおすすめです。

弁護士さんのTwitterアカウントにも様々あるのですが、柴田弁護士の情報発信は、一貫して口調が穏やかなので安心して見ていることができます。法律の改正などについても、変更点を素人にも分かりやすく解説してくださるので、とても助かります。

弊レーベルのアカウントに関しては、被虐待当事者と、社会福祉士・精神保健福祉士が在籍しているため、DV・虐待・ストーカーなどの関連情報については、おそらく一般の方々よりも早く入ってきます。たとえば、本書で触れたマイナンバーカードの「代理人」の危険性についてや、インボイス制度の個人情報取扱いについては、私含む当事者のスタッフが役所や関連機関に問い合わせて、その内容をSNSに投稿したことで、ようやく問題として認識され始めた経緯があります。

一人にできることは限られていますが、あなたがフォローしてくだされば、私たちとしても大変心強いですし、今後も、情報発信を続けていく力になります。

もっとも、弊レーベルは基本的には出版・書店アカウントなので、常にDVや虐待の情報だけを発信しているわけではありません。Ｔｗｉｔｔｅｒは DＶや虐待も含む政治の話、始めたばかりのＩｎｓｔａｇｒａｍは本の話が多いですし、不定期配信のメールマガジンに至っては、物語の登場人物から手紙が届くこともあります。おそらくあなたが想像しているよりも、遥《はる》かに癖の強い「幻想書店」をコンセプトにしたレーベルです。

そういう、ちょっと変な書店でも構わないという方は、ぜひフォローしてみてください。いつか、ＤＶや虐待から自由になって、晴れ晴れとした表情のあなたにお会いできる日を、楽しみにお待ち申し上げております。

■紅龍堂書店の公式ホームページ
https://skyroad.asia/
■紅龍堂書店のＴｗｉｔｔｅｒアカウント
https://twitter.com/BooksKuryudo
■紅龍堂書店のＩｎｓｔａｇｒａｍアカウント
https://www.instagram.com/books_kuryudo/
■紅龍堂書店の公式メールマガジン『幻想の彼方より』
https://skyroad.asia/e-zine/

コラム⑦　離婚後も親子関係が義務化される「共同親権」への疑問

最後に、このトピックを入れざるをえない現状が歯痒《はがゆ》いです。

今、離婚後も父母がともに親権を持つ「共同親権」を導入する民法改正案が、法制審議会で議論されています。今国会での提出は見送られましたが、引き続き注視が必要な状況です（2023年3月現在）。

第二章（二）で少しだけ触れましたが、親権とは、未成年の子どもの財産を管理したり、住む場所を決めたり、未成年の子どもが望むならばアルバイトの許可をだしたり、褒めたり叱ったりすることのできる権利です。たまにこの親権を、子どもを自分の意のままにできる権利であるかのように誤解している親がいますが、間違いです。しつけと称して子どもに暴力を振るったり、暴言を吐いたり、子どもの世話を放棄したりするなどの児童虐待は、親権の濫用《らんよう》に当たります。

日本では、婚姻中は両親ともに親権が与えられていますが、離婚後は、原則として（※100）子どもと同居する親にのみ親権が残る「単独親権」という仕組みが取られています。

一方で、今議論されている「共同親権」とは、離婚後の親権を、子どもと別居する親にも与えよう、というものです。

ＤＶ・虐待で両親が離婚した被害者の方ならば、これがどれだけ恐ろしい状況か分かると思います。

たとえば、両親の教育方針が異なった場合。未成年者は学校へ行けない可能性が出てきます。単独親権ならば、同居親の同意さえ取れれば進学できますが、共同親権になると、別居親が「その学校は気に入らない」などと首を縦に振らないせいで、入学式に間に合わないといった事態が想定されます。怪我《けが》や病気の治療なども同様です。別居親が手術に同意しない、もしくは連絡がつかないなどの

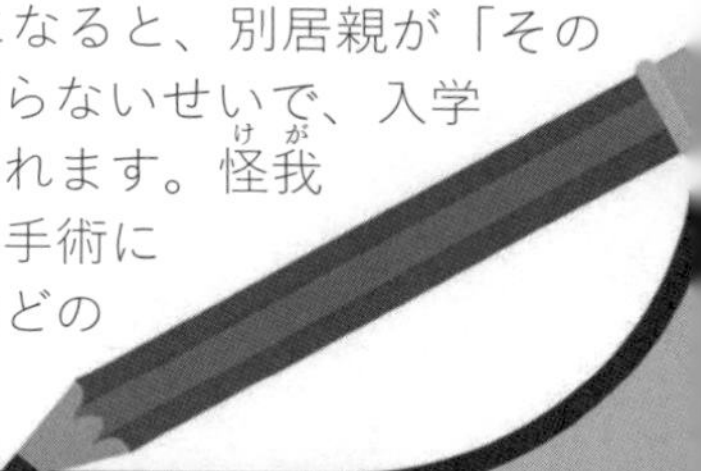

せいで、命を落とす可能性が出てきます。

　また、皮肉な話ですが、そもそも両親が離婚「できなくなる」という状況も予想されます。

　というのも、法制審議会で議論されている案の中には、「居場所を別れたパートナーに必ず伝える」という内容のものがあるためです（※101・102)。こんな案が通ってしまったが最後、ＤＶ・虐待等の被害者は、逃げれば違法になってしまいます。

　こうした議論が進む中、日本語のインターネットでは「世界では共同親権が主流」といった発言が散見されますが、これはかなり雑な表現と言わざるをえません。世界でトレンドとなっているのは共同監護（joint custody）であり、離婚してからも子に対する強制権を両親に与える（Parental Authority）という国は、欧米圏にはほとんど見当たらないためです（※103)。外務省のハーグ条約関連資料（※104）では様々な国の状況を知ることができますが、親権（Parental Authority）という英単語を使っている地域はアメリカのルイジアナ州のみであり、そのルイジアナ州も、離婚後は「父母の親権は終了し（第235条)、未成年後見が開始する」と明記されています。

　離婚後も父母の親権を継続させようとしている日本とは真逆です。

　補足すると、フランスは共同親権（autorité parentale）です（※103・104)。ただし共同親権を導入しているフランスは、人口は日本の約半数であるのに対し、2020年に全国共通電話が受けたＤＶの相談件数は16万4,957件であり、同年の日本全国の配偶者暴力相談支援センターとＤＶ相談＋（プラス）に寄せられた相談件数の総数18万2,188件に迫っている統計は見逃せません（※105・106)。また、同年の保護命令の発令件数は、フランスは5,718件であり、日本の1,465件の約４倍です（※107・108)。

　詳しいことは、ぜひご自身の目で確かめてみてください（※109・110)。

そして日本の法制審議会を注視し、国会におかしな法案が提出されそうになった時には、どうか声を上げることを忘れないでください。

※100　別居親が親権を持つケースも、少数ですがあります。

※101　e-Gov パブリック・コメント ＞「『家族法制の見直しに関する中間試案』に関する意見募集」＞「家族法制の見直しに関する中間試案の補足説明」
https://public-comment.e-gov.go.jp/servlet/Public?CLASSNAME=PCMMSTDETAIL&id=300080284&Mode=0
■「家族法制の見直しに関する中間試案の補足説明」23頁（PDF形式）
https://public-comment.e-gov.go.jp/servlet/PcmFileDownload?seqNo=0000244685

※102　Kids Voice Japan「時間がない人もこれだけは読んで意見を送ろう！　共同親権パブコメのポイント　3分バージョン」
https://www.kidsvoicejapan.net/public-comment-2022-3min
共同親権のパブリックコメント募集期間は終了しましたが、共同親権に限らず、あらゆる意見を書くときに役に立つ内容がギュッとまとまっています。行政機関に意見を送ったことがないという方はぜひ。大変分かりやすくておすすめです。

※103　フランスとカナダのケベック州は共同親権です。外務省のハーグ条約関連資料（※104）でも、フランスは「autorité parentale（共同親権）」という仏単語を使っていることが確認できます。
■Service-Public.fr, *Autorité parentale en cas de séparation des parents*
https://www.service-public.fr/particuliers/vosdroits/F3133
■Gouvernement du Québec, *Être parents*　https://www.quebec.ca/famille-et-soutien-aux-personnes/grossesse-et-parentalite/parents

※104　外務省「ハーグ条約関連資料」令和４年４月13日更新
https://www.mofa.go.jp/mofaj/ca/ha/page22_001672.html

※105　髙山善裕「日本及び諸外国におけるDV被害の

現状と対策」国立国会図書館 調査及び立法考査局 レファレンス850号 2021.10 86頁 https://dl.ndl.go.jp/view/download/digidepo_11821749_po_085003.pdf?contentNo=1

※106 内閣府男女共同参画局「配偶者からの暴力（DV）相談件数」 https://www.gender.go.jp/research/weekly_data/10.html

※107 柿本佳美「生活世界を支える住まいとアイデンティティ―フランスにおける自律回復を目指すDV被害者支援とは―」京都女子大学現代社会研究 24-25頁（PDF形式） http://repo.kyoto-wu.ac.jp/dspace/bitstream/11173/3417/1/0130_024_002.pdf

※108 内閣府男女共同参画局 ＞「男女共同参画白書 令和3年度版」＞「I－7－6図 配偶者暴力等に関する保護命令事件の処理状況等の推移」 https://www.gender.go.jp/about_danjo/whitepaper/r03/zentai/html/zuhyo/zuhyo01-07-06.html

※109 Assemblée nationale, AU NOM DE LA DÉLÉGATION AUX DROITS DES FEMMES ET À L'ÉGALITÉ DES CHANCES ENTRE LES HOMMES ET LES FEMMES (1), *sur la proposition de loi relative aux violences au sein des couples et aux incidences de ces dernières sur les enfants (n° 2200) et la proposition de loi visant à agir contre les violences faites aux femmes (n° 2201)* https://www.assemblee-nationale.fr/dyn/15/rapports/ega/l15b2280_rapport-information#_Toc256000011

※110 Protéger l'enfant Association de défense des droits de l'enfant, *Violences conjugales: 80% des plaintes sont classées sans suite* https://www.protegerlenfant.fr/2020/12/01/violences-conjugales-hce/

おわりに

ここまで書き上げることができて、ほっとしています。正直、書いていて心が折れそうになる場面が何度もありました。暴力を思い出して疲弊したり、窓口の煩雑さに嫌気がさしたり、ころころと変わる政府の方針に苛立《いらだ》ったり、リスクマネジメントの杜撰《ずさん》さに絶望したり、「共同親権」の中間試案を読んで青ざめたり。もしかするとあなたも、読んでいて気が滅入《めい》る場面が多かったのではないでしょうか。ごめんなさい。

それでも書いてよかったですし、必要な本だと信じています。

今もどこかで、理不尽な加害に途方に暮れている誰かの、お守りのような本になればと願っています。

その上で、最後に、一つだけ。

親と縁を切るというのは、大変なことです。面倒くさくて、悲しくて、時間と労力を伴うことです。縁を切った後も、血縁関係自体が消失するわけではありません。気をつけなければならないことは残り続けます。ずっと脳のバックグラウンドで警戒アプリを作動し続けるような毎日が続きます。

それと天秤《てんびん》にかけても、本当に親を捨てたいか。

立ち止まって考える一助になればとも、実は、少しだけ思っています。

意外に思われるかも知れませんが、私個人は、「家族」を否定しているわけでも、親との絶縁を推奨しているわけでもありません。むしろ、煩わしいモノは切ればいいという発想には懐疑的です。つらくても向き合うことで生まれるもの、反駁《はんばく》の精神から得られることは多いと、人生を通してずっと感じてきました。

そんな私が、ほとんど唯一といっていいほど、諦めた存在が父でした。

「ああ、この人はもう本当にだめで、何一つ話が伝わらない」と見限るまでに、十年以上の年月がかかりました。

あの十年を、最初からもっと、べつの友好的な人間関係の構築に振り向けていれば、得られたものがたくさんあっただろうと思うこともあります。

でも、分かりません。

分からない、ということを、最後にどうしても書いておきたいです。

親と縁を切れば、本当に何かが解決するのか。私の人生が好転したのは、親を捨てたからなのか。因果関係を数字にして明示してくれるアプリが存在するわけではありません。誰かが人生を保障してくれるわけでもありません。「自己責任論」は好きではありませんが、現実として、私たちのような被虐待当事者は、自分で判断して親から離れて、責任を負って生きるしかありません。

もしかすると、何十年も経ってから、「また話したいな」とふっと思う日が来るのかもしれません。ただその頃には、親は亡くなっている可能性が高いでしょう。

それでいいのか。

確信できたことは、実のところありません。

そんな中で、私は父を捨てるという選択をしました。

何回、何百回、何万回振り返っても、あの頃の自分には、他に方法がなかったとも思います。うんざりして、泣きながら縁を切った日々。

結果として今、私は平穏に暮らしています。父のいない世界で。

支えてくれる人たちを心から敬愛し、「ああ、平和だなぁ」と、一日一日を噛みしめながら生きています。ただ安心できるということが、こんなにも幸せで、楽しいということを、私は知りませんでした。人生とは耐えることだと思っていました。

運がよかったのだと思います。

後からでも知ることができて。

こんなふうに上手くいく人ばかりではないはずです。親を捨てるという行為は、一見すると残酷で、冷たいと言われることだってありますし、実家を捨てることで、かえって過酷な時間が待ち受けていることもあります。「帰れる家がある人はいいなぁ」と、お正月を迎えるたびに泣いたりして。

それでも、親を捨てたい誰かへ。

これから、どうやって生きていけばいいか。悩み続けるあなたに、一つでも二つでも、選択肢が増えれば幸いです。

誰がなんと言おうと、あなたは自由です。
お互い、好きに生きましょうね。

特別寄稿

テミス法律事務所代表　柴田収

今回、ご縁があり『毒親絶縁の手引き』の法律監修をさせていただきました、弁護士の柴田《しばた》です。

本書をお取りになった方の中には、毒親と現在同居しているがいずれは縁を切りたいとお考えの人や、今は毒親と別居をできているものの、毒親からの様々な干渉にお悩みの方が少なくないと思います。そして、いざ毒親と縁を切るために弁護士への相談や依頼を検討した人であれば、「毒親と縁を切る」ことを業務として積極的に取り扱っている弁護士も、「毒親との縁の切り方」について法的に解説をした情報を発信している弁護士も、ほとんど存在しないことにお気づきでしょう。

当事務所でも、離婚・ＤＶ・モラルハラスメントの案件は数多く取り扱っているのですが、「毒親との縁を切りたい」というご相談やご依頼は、あまり受けたことがないというのが実際のところです。

なぜ弁護士は「毒親との縁を切る」という業務を積極的に取り扱わないのでしょうか。「お金にならないから取り扱わないいんじゃないか」とお考えの人もいるかもしれません。しかし、それは違います。弁護士の中には、困っている人がいれば少々赤字になっても助けるという信念を持っている人が多く、国選刑事弁護や民事法律扶助を利用したＤＶ離婚事件などでは、弁護士は赤字になりながら困っている人を助けるために対応しています。また、不採算案件を嫌がる弁護士も、採算が取れる程度の弁護士料金を支払えば受任をします。にもかかわらず「毒親との縁を切る」という業務を弁護士が取り扱わないのは、お金の問題ではありません。

まず一つ目の理由として、今の日本の法律では「親子の縁を法的に切断する」という手段がほとんどないからです。強いていうならば、特別養子縁組という制度が実親と実子の縁を法的に切断する制度なのですが、これは非常に要件が厳格であり、使えないことが多いです。特に、子の年齢が15歳以上である場合は原則として使えません（ただし、子が15歳に達する前から養親となる方に監護されていた場合は、子が18歳に達する前までは請求可能です）。

そして二つ目の理由として、日本の法律では、子が親に何らかの義務を法律上負うということはほぼないからです。一応、民法第877条第1項では、「直系血族及び兄弟姉妹は、互いに扶養をする義務がある。」と定め、子も親に対する扶養義務を負うということに条文上はなっています。しかしながら、本書でも解説されているように、実際にこの条文に基づいて親が子に対して金銭の請求をしても、それが裁判において認められることはほぼありません。

双方が成人している親子間の金銭問題は、どちらかが死亡したときの、相続による財産移転又は債務の承継くらいです。確かに、毒親が死んだ場合や自分が先に死んだ場合に財産をどう承継させるかというのは問題です。しかしながら、毒親に今現在悩まされている人が解決したい問題はそこではないことがほとんどでしょう。また、毒親が債務を残して死亡した場合、相続放棄をすればよいので、こちらも問題は大きくありません。

そもそも親子の縁を法律上切断することは不可能であるということ、親子の縁を切れなくても子にとって法的な不利益は存在しないということの二点から、弁護士として毒親と縁を切れるためにやれることはないと考えがちです。すなわち、弁護士は「毒親との縁を切る」ということは弁護士の業務ではないと考えているわけです。

とはいえ、実際に毒親の干渉に悩まされている人は現実として存在します。そうした方々の中には、「自分に法律上の義務はないとしても、毒親がこちらにあれこれ言ってくることそれ自体が苦痛だ」「自分に法律上の義務はないとしても、毒親がこちらにあれこれ言ってくるのを無視し続けることはできない」という人も多いのではないでしょうか。人間は法律上の権利義務だけで単純に行動できるわけではなく、それまでに形成された人間関係によって相手方からの要求を拒否できなくなってしまうことが少なくありません。

そういう人たちは、まずは本書に記載されている行政上の各種手続きを駆使して、毒親が自分に対して直接接触してくることを事実上不可能にしてしまうのが最善です。この書籍は、まさにそのためのノウハウが詰められています。

もっとも、この書籍に記載されている各種手続きを駆使しても毒親との繋がりを断てなかった人や、様々な事情によりこの書籍に記載されている各種手続きを取ることができない人、何らかの事情により毒親と一定程度の連絡を取らなければならないという人もいるでしょう。そういう人の場合は、弁護士に依頼することをお勧めします。

弁護士は法律上の紛争を解決することを本業としているのですが、弁護士が代理人として毒親の間に入ることで、毒親が自分に対して直接連絡をしてくることを事実上止めることができます。相手方が弁護士を無視して直接連絡を取ろうとしてきた場合も、「弁護士に依頼をしているから、用があるなら弁護士に言ってくれ。」とシャットアウトすることが可能になります。これにより、毒親と直接やり取りをする必要がほぼなくなるので、精神的な負担が大幅に軽減されます。当事務所ではＤＶ・モラルハラスメント絡みの離婚事件を多く手掛けているのですが、ＤＶ・モラルハラスメント被害者の多くは、弁護士に間に入ってもらい、加害者と直接やり取りをすることから解放されることに、大きなメリットを感じます。これは、毒親に悩む人にとっても同じだと思います。

そして、間に入った弁護士は当事者本人と違って毒親に対して何の人間関係も持っていないので、毒親からの不当な要求を拒否することに何の抵抗もありません。そのため、弁護士が毒親からの要求をひたすら拒否し続けることにより、毒親は、多くの場合は打つ手がなくなり、子への要求を諦めざるを得なくなります。それでも諦めずに騒ぎ立ててくる毒親に対しては、民事調停を申し立てたり債務不存在確認訴訟を起こしたりして毒親との交渉の場を裁判所に移すことで、毒親の言い分が法的に通らないことを示していきます。

この方法は、無理難題を要求してくる反社会的勢力やクレーマー、ストーカー化した元交際相手への対応を、毒親対策に転用したものです。毒親への対応は弁護士業務としてはメジャーではないのですが、無理難題を要求してくる反社会的勢力等への対応というのは、弁護士が扱う業務としてはある程度メジャーです。ですので、これらの業務を取り扱っている弁護士に対して相談をすれば、「毒親との縁を切るという仕事は今までやったことがないけど、自分に依頼をしてくれれば毒親との間に入って毒親からの要求をシャットアウトさせることならできますよ。」と言ってくれるでしょう。

もっとも、毒親との縁を切るという業務をしたことのある弁護士はほとんどいませんし、無理難題を要求してくるクレーマー、(元)配偶者、(元)交際相手、反社会的勢力への対応方法を知らない弁護士も実は少なくありません。最初に相談した弁護士がハズレで、本当は弁護士としてできることがあるはずなのに、「できることはありません」と言われてしまうということもあり得ます。ですので、最初の相談では望ましい相談結果が得られなくとも、別の弁護士にセカンドオピニオンを聞く相談をしてみるのがよいと思います。

毒親との縁を切ることを弁護士に相談する場合のポイントですが「毒親と縁を切りたいです」という言い方で相談をすると、「できることはありません」と言われて終わってしまいがちです。そうではなく「これこれこういうことを毒親にされて困っています。何かよい対策方法はないでしょうか。」と相談をすれば、弁護士からいろいろと案を出してもらえることが多いでしょう。「毒親と縁を切る」ことを目的にするのではなく、「毒親から困らされている状況から解放される」ことを目的にすれば、色々な方法を提案してもらえたり、代理人として間に入ってもらえたりするはずです。

なお、今までの話は主に成人している人が毒親と縁を切ろうとしていることを前提としていましたが、未成年の子が毒親から逃れようとする場合は話が大きく変わってきます。児童相談所や子どもシェルターに避難したりするだけでなく、家庭裁判所に申し立てて毒親の親権を停止させたり、毒親に代わって自身の法定代理人になってくれる未成年者後見人を設定したり、刑事法に違反する内容の虐待が毒親からあった場合は刑事告訴をしたりと、さまざまな法的な手続きが必要となります。また、そこまでの法的手続きができる案件なのか、それとも本人が成人するまではなんとか我慢していくべき案件なのかの見極めも必要です。これらを未成年である子供本人だけで対応することはまず間違いなく不可能です。未成年である人が毒親に悩んでいる場合についてですが、全国各地のほとんどの弁護士会において子どもの人権に関する相談窓口が用意されています。まずはそこに相談をするのがよいでしょう。弁護士には守秘義務があるので相談をしているということが毒親に知られるということもありません。電話相談を受け付けているところも多いですし、一部の弁護士会はＬＩＮＥでの相談も受け付けています。毒親に悩んでいる未成年の人は、一度地元の弁護士会に相談をしてみてください。

本書では、各種行政の手続きや民間の団体等を通して、毒親に接触されなくするようなノウハウが多く記載されています。ほとんどの場合は、本書に記載されている方法を駆使すれば問題なく毒親との縁も切れるでしょう。しかし、本書のノウハウを使うことのできない特殊な事情がある場合は、弁護士に相談をしてみてください。本書をお読みになった方が、毒親の手から離れて自分の人生を取り戻すことを祈念しております。

特別付録　毒親絶縁チェックリスト　時系列まとめ

(1) DV等支援措置の準備（現住所にて）

□ 心の準備。法律を知る（第一章・第二章）
□ 証拠を集める（第三章）
□ 警察の生活安全課など公的機関に相談する（第三章）
□ 相談機関との通話履歴は加害者に閲覧されないように削除（第三章）
□ スマホやタブレットに監視アプリが入っていないか確認・削除（第四章）
□ 引っ越し先の自治体を決める。最低でも市区町村・配達エリア・通勤通学ルートを変える。DV等支援措置の更新通知の有無にも注意（第四章）
□ 今の市区町村でDV等支援措置の希望を伝える（第五章）
□ 地元の警察で面談。事前に用意しておいた証拠や相談録を忘れずに持参（第五章）
□ DV等支援措置の決定を**電話などで**受ける（実家に届かないよう注意。決定通知書の受取は、新居の自治体で行う。第五章）

(2) 引っ越し

□ 引っ越しは身一つで新居に入るか、専門業者に依頼（第四章）
□ 転出届を出す。「転出先」に書く内容に注意（第五章）

□　盗聴器・隠しカメラ・スマホの監視アプリなどの確認・除去（第四章）
□　引っ越し直前に、ＰＣやスマホの検索履歴をデータ削除ソフトなどで完全に削除。以降、新居の天気などを調べないように注意（第四章）
□　ＳＮＳでの情報漏洩に注意。「引っ越し」などのキーワードで探されるおそれがあるので、落ちつくまでは何も書かない（第四章）
□　満を持して転居（第五章）

（３）ＤＶ等支援措置の申請（新居にて）

□　新居の自治体で改めてＤＶ等支援措置の申請（第五章）
□　新居の管轄の警察で面談。（１）で用意した証拠や相談録を忘れずに持参（第五章）
□　「税支援」手続きの確認・申請（第五章）
□　不動産登記簿の保護手続きの確認・申請（第五章）
□　ＤＶ等支援措置の決定通知書を自宅で受取り（第五章）

（４）分籍・戸籍届書のマスキング申入れ

□　ＤＶ等支援措置決定通知書を持参して市区町村役場へ（第五章）
□　分籍する（第五章）
□　戸籍届書のマスキング申入れをする（第五章）

（5）保険証・マイナンバーカードの設定変更

□ 健康保険証の発行元にＤＶ等支援措置の連絡。医療費通知情報を制限（第五章）

□ マイナンバーカードの「代理人」設定確認・解除（第五章）

□ 二〇一六年一月時点で十五歳未満だった方は、マイナンバーカードを持っていないと思っていても親が代理申請した可能性があるため、マイナンバーカードの有無の確認。必要に応じて「代理人」設定確認・解除（第五章）

□ 加害者にマイナンバーを知られている場合は、個人番号指定請求でマイナンバー自体を変更（第五章）

（6）その他の閲覧制限

□ 車の登録事項等証明書・検査記録事項等証明書の閲覧制限（第五章）

□ 後見登記制度における支援措置。登記事項証明書の発行抑止（第五章）

□ 選挙人名簿の抄本の閲覧の拒否（ＤＶ等支援措置者は手続き済み・第五章）

□ 行方不明者の不受理の措置（ＤＶ等支援措置者は手続き済み・第五章）

（7）郵便関係の手続き

□ 郵便物の「転居届」は利用しない。書留などの追跡サービスに注意（第五章）

□ 住所変更届は発送元に個別に出す（第五章）

□ 住所の記載される請求書類などから優先的に手続きする。誤配送や事故を防ぐため、なるべく早く全ての住所変更手続きを済ませる（第五章）

□ 請求書類がきちんと新居に届くことが確認できるまで、居場所が分かる場所でのクレジットカードやスマートフォンの利用は控える（第五章）

（8）私生活で気をつけること

□ DV等支援措置・税支援・不動産登記簿の保護・健康保険の「資格確認書」・自動車の閲覧制限などの更新手続きを忘れずに（第六章）

□ 匿名配送を活用する（第六章）

□ SNSは鍵アカウントにするか、自撮りや居場所が分かる投稿はしない（第六章）

□ 写真のExif情報は削除する。映り込みなどにも注意（第六章）

□ 文章にも気をつける。家族構成やペットの名前などは書かない（第六章）

□ 利用規約・プライバシーポリシー・アプリの権限を確認する（第六章）

□ 知り合ったばかりの人に安易に住所を話さない（第六章）

□ 何かあったときの相談先・避難先を決めておく（第三章・第六章）

□ 情報収集を欠かさない（第六章）

主要参考文献一覧

・ランディ・バンクロフト、ジェイ・G・シルバーマン（二〇二二）『DVにさらされる子どもたち：親としての加害者が家族機能に及ぼす影響 新訳版』幾島幸子訳、金剛出版
・スーザン・フォワード（二〇二一）『毒になる親 完全版』玉置悟訳、毎日新聞出版
・熊上崇、岡村晴美、小川富之、石堂典秀、山田嘉則（二〇二三）『面会交流と共同親権：当事者の声と海外の法制度』明石書店
・大田季子、谷合佳代子、養父知美（一九九四）『戸籍・国籍と子どもの人権』明石書店
・小野善郎、薬師寺真（二〇一九）『児童虐待対応と「子どもの意見表明権」：一時保護所での子どもの人権を保障する取り組み』明石書店
・市町村児童虐待防止と支援のあり方の研究会（二〇二二）『市町村における児童虐待防止と支援のあり方：市町村だからこその悩みへのヒントとアイデア』岩崎学術出版社
・小早川明子（二〇一七）『ストーカー：「普通の人」がなぜ豹変するのか』中央公論新社
・小早川明子（二〇一四）『「ストーカー」はなにを考えているか』新潮社
・ヨーラン・スバネリッド（二〇一六）『スウェーデンの小学校社会科の教科書を読む：日本の大学生は何を感じたのか』鈴木賢志、明治大学国際日本学部鈴木ゼミ訳、新評論
・高橋リエ（二〇一九）『気づけない毒親』毎日新聞出版
・太田啓子（二〇二〇）『これからの男の子たちへ：「男らしさ」から自由になるためのレ

ッスン』大月書店
・新川てるえ（二〇一八）『子連れ離婚を考えたときに読む本：慰謝料、親権、養育費……気になることがすべてわかる』日本実業出版社
・尾添椿（二〇二二）『そんな親、捨てていいよ。～毒親サバイバーの脱出記録～』ＫＡＤＯＫＡＷＡ
・つつみ（二〇二〇）『毒親に育てられました：母から逃げて自分を取り戻すまで』ＫＡＤＯＫＡＷＡ
・菊池真理子（二〇一八）『毒親サバイバル』ＫＡＤＯＫＡＷＡ
・菊池真理子（二〇二二）『「神様」のいる家で育ちました～宗教２世な私たち～』文藝春秋
・山崎聡一郎（二〇一九）『こども六法』弘文堂
・上谷さくら、岸本学（二〇二〇）『おとめ六法』ＫＡＤＯＫＡＷＡ
・遠藤研一郎（二〇二一）『マンガでわかる！　わたしの味方になる法律の話』大和書房
・ジャック・シェーファー、マーヴィン・カーリンズ『元ＦＢＩ捜査官が教える「心を支配する」方法』栗木さつき訳、大和書房
・芦名定道、宇野重規、岡田正則、小沢隆一、加藤陽子、松宮孝明（二〇二二）『学問と政治：学術会議任命拒否問題とは何か』岩波書店
・阿部公彦、沼野充義、納富信留、大西克也、安藤宏、東京大学文学部広報委員会（二〇二

〇）『ことばの危機：大学入試改革・教育政策を問う』集英社
・佐藤学、上野千鶴子、内田樹（二〇二一）『学問の自由が危ない：日本学術会議問題の深層』晶文社
・山下香（二〇一八）『ソーシャルワークマインド：障害者相談支援の現場から』瀬谷出版

この他にも、たくさんの本、雑誌、ＷＥＢサイト、映像資料等を参考にさせていただきました。ありがとうございました。

Supporter

本書はクラウドファンディング「GoodMorning」で、
2023-05-14 に募集を開始し、
359 人の支援により 1,944,850 円の資金を集め、
2023-07-11 に募集を終了しました。

ご協力頂いた皆様、ありがとうございました。

毒親に苦しむ人たちが、自由に生きるための
法律や制度の情報を本にして届けたい！
https://camp-fire.jp/projects/view/669774

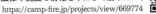

※こちらは企業・団体様リターンページです。
ご出資ありがとうございました。
Special Thanks
聖書で殴られた人の会
貴方は幸せになるために生まれてきた。
不幸になるために生まれたんじゃない。
――有志代表 望月真理
(JW 三世, Pro 二世, Cath 一世)
信仰と良心の自由を取り戻すには？
宗教二世・三世の方などで、親からの信仰の強要およびライフプランの妨害でぼろぼろになってしまった方は、厚生労働省が相談ダイヤルを案内しています。番号や受付時間などは、右の QR コードから読みこむか、「厚生労働省 電話相談」で検索してみてください。相談することは権利です。

毒親絶縁の手引き

ＤＶ・虐待・ストーカーから
逃れて生きるための制度と法律

2023 年 10 月 10 日　初版印刷
2023 年 10 月 20 日　初版発行

監 修 者　テミス法律事務所・柴田収

編 著 者　紅龍堂書店

デザイン　ＴＳ５１

校 正 者　廣田いとよ

発 売 所　瀬谷出版株式会社
〒102-0083
東京都千代田区麹町 5-4
電話 03-5211-5775
https://seya-shuppan.jp

発 行 所　RUBY DRAGON BOOKS
https://skyroad.asia

印刷・製本　精文堂印刷株式会社

落丁・乱丁本は送料弊レーベル負担でお取り替え致します。
本書の無断複製は著作権法上の例外を除き禁じられています。
本書を第三者に依頼してコピー・スキャン・デジタル化することは、
いかなる場合も著作権法違反となります。